D1691600

Hans Adam

Intarsien

Werkstoff
Formgestaltung
Technik

Hans Adam

Intarsien

Werkstoff Formgestaltung Technik

Deutsche Verlags-Anstalt
Stuttgart

ISBN 3 421 02251 8
351 zum Teil farbige Abbildungen
© 1971 Deutsche Verlags-Anstalt GmbH, Stuttgart
Alle Rechte vorbehalten
Gesamtherstellung: Deutsche Verlags-Anstalt GmbH,
Grafischer Großbetrieb, Stuttgart
Printed in Germany

Inhalt

1	Vorwort 6		5.3.1.1	Doppelblattverfahren 81
			5.3.1.2	Blindblattverfahren 81
2	Ausdruckscharakter der Intarsie 7		5.3.1.3	Anlegeverfahren 82
			5.3.1.4	Unterlegeverfahren 83
			5.3.1.5	Auflegeverfahren 83
3	Der Werkstoff 9		5.3.2	Maschinelle Arbeitsverfahren 83
			5.3.2.1	Flächenaufbau mit Einzelfeldern 84
3.1	Aufbau des Holzes 9		5.3.2.2	Flächenaufbau nach dem Doppelblattprinzip 84
3.2	Wachstum 10		5.3.3	Arbeitsverfahren für plastische Intarsien 84
3.3	Verkernung 10		5.3.3.1	Verarbeitung unterschiedlicher Furnierstärken 87
3.4	Schnittbilder 11		5.3.3.2	Furnier-Collage 87
3.5	Tangentiale Maserungsbilder 12		5.3.3.3	Furnierschnitt 87
3.6	Radiale Maserungsbilder 13		5.4	Verarbeitung der Intarsie 87
3.7	Gemaserte Holzbilder 14		5.4.1	Die Trägerplatte 87
3.8	Glanzbilder 15		5.4.2	Das Aufleimen der Intarsie 87
3.9	Farbbilder 16		5.4.3	Die Oberfläche der Intarsie 88
			6	Die Anwendung 90
4	Die Gestaltung 21			
			6.1	Wandbilder 90
4.1	Gestaltungselemente 21		6.2	Tischplatten 107
4.2	Gestaltungsprinzipien 21		6.3	Schränke 112
4.2.1	Allgemeine Gestaltungsprinzipien 21		6.4	Intarsienwände 116
4.2.2	Einklang zwischen Werkstoff und Form 22			
4.2.3	Einklang zwischen Werkstoff und Farbe 25			
4.3	Gestaltungsmöglichkeiten 30		7	Kurzlehrgang für das Intarsienschneiden 125
4.3.1	Entwurfsmethoden für das geometrische Flächenornament 30			
4.3.1.1	Flächengliederung mit Rastersystem 30		8	Bildquellen 128
4.3.1.2	Synthetische Flächengliederung 31			
4.3.1.3	Materialgebundene Flächengliederung 38			
4.3.2	Versuchsreihe zur Erprobung prinzipieller Gestaltungsmöglichkeiten 39			
4.3.2.1	Ornamentale Flächengestaltung 40			
4.3.2.2	Bildhafte Flächengestaltung 66			
5	Die Technik 78			
5.1	Werkzeuge und Hilfsmittel 78			
5.2	Technik des Schneidens 78			
5.2.1	Haltung und Führung des Messers 78			
5.2.2	Schnittrichtung und Faserverlauf 79			
5.2.3	Paßgenauigkeit und Dichtheit der Fugen 79			
5.2.4	Einkleben der Einlagen 80			
5.3	Gestaltungsidee und Arbeitsverfahren 81			
5.3.1	Manuelle Arbeitsverfahren 81			

1 Vorwort

Dieses Buch will einer alten Handwerkskunst neue Impulse geben. Die für unsere gegenwärtige Stilauffassung charakteristische Großflächigkeit der Möbelform wie der Raumgestaltung bietet günstige Voraussetzungen für den Einsatz dekorativer Mittel. Ihrem Wesen nach kann die Intarsie in dieser Hinsicht fraglos als das reizvollste und vielseitigste Gestaltungsmittel angesehen werden. Denn im Gegensatz zur plastischen Dekorationsform, die im Grunde ausschließlich vom Licht-Schatten-Effekt lebt, wird die bildnerische Gestalt der Intarsie von den Maserungsbildern und den Farbwirkungen des Holzes geprägt.

Die technischen Verfahren und die stilbedingten Formen der Intarsienkunst haben sich vielfach gewandelt; gleichgeblieben ist aber der Werkstoff in seiner spezifischen Beschaffenheit. Zu keiner Zeit war das Angebot an unterschiedlichen Holzarten so reichhaltig wie heute, und kaum je zuvor gab es deshalb für die Intarsienkunst vergleichbare Möglichkeiten im Hinblick auf die Ausschöpfung der natürlichen Schönheit dieses Werkstoffes. Niemals war aber auch, dank der hochentwickelten Verfahren in der Furnier- und Plattenherstellung, die Technik des Intarsienschneidens in ihren Grundzügen so einfach wie heute.

Die mannigfachen Materialqualitäten des Furniers haben in der Vergangenheit wie in der Gegenwart oft dazu verführt, in der Intarsienkunst kaum etwas anderes zu sehen als eine Bildmalerei mit anderen Mitteln. Daß diese Auffassung mit einem werkgerechten und auch im weitesten Sinne ökonomischen Denken unvereinbar ist, versteht sich heute von selbst.

Hier will das vorliegende Buch nun helfen, die Zusammenhänge zwischen bildnerischer Form und spezifischer Materialqualität zu klären. Im Mittelpunkt steht deshalb nicht in üblicher Weise die Technik, sondern das Gestaltbild der Intarsie.

Ausgehend von der morphologischen Beschaffenheit des Holzes werden eindeutige Gestaltungsleitsätze entwickelt und in einer umfangreichen Versuchsreihe praktische Möglichkeiten für eine zeitgemäße und materialgerechte Intarsiengestaltung erprobt. Zahlreiche Anwendungsbeispiele für das Möbel und den Innenraum runden das vielfältige Bild der Gestaltungsmöglichkeiten ab.

Die technischen Verfahrensweisen werden, ihrer mittelbaren Bedeutung entsprechend, aus den jeweiligen Gestaltungslagen abgeleitet. Dabei stehen den manuellen Arbeitsverfahren die auf eine Serienfabrikation gerichteten maschinellen Fertigungsmethoden gegenüber.

Auf eine zusammenhängende Darstellung zur geschichtlichen Entwicklung der Intarsie ist verzichtet; wohl aber wird dort ein kurzer Blick in die Geschichte geworfen, wo es zum Verständnis gestalterischer wie arbeitstechnischer Zusammenhänge erforderlich erscheint.

Alles, was in diesem Buch in Wort und Zeichnung gesagt wird, findet am praktischen Beispiel seine nachdrückliche Bestätigung.

Die praktische Betätigung auf dem Gebiet der Intarsiengestaltung braucht nicht an eine spezielle Berufsausübung gebunden zu sein. Wegen ihrer mannigfachen bildnerischen Möglichkeiten und der zum Teil verhältnismäßig einfachen Arbeitsverfahren läßt sich die Intarsie in vorzüglicher Weise als bildnerisches Mittel für pädagogische Ziele oder auch als sinnvolle Freizeitbeschäftigung nutzen.

Hans Adam

2 Ausdruckscharakter der Intarsie

Die Intarsie hat in der Geschichte der Kunst und des Kunsthandwerks neben der Holzschnitzerei ihren festen Platz. Seit dem 13. Jahrhundert hat sie sich von Italien aus über Europa verbreitet. Eine nachhaltige Bereicherung für die Intarsienkunst brachte das Bekanntwerden überseeischer Hölzer nach Entdeckung der großen Seefahrtswege. Ihre Hochblüte erreichte sie schließlich in den höfischen Stilen des 18. Jahrhunderts.

Neben Möbeln aller Art sowie kleineren und größeren Gebrauchsgegenständen findet man ganze Innenräume, die vom Fußboden (Mosaik) bis zur Wand- und Deckenverkleidung mit Intarsien ausgeschmückt sind.

Als Einlegematerial wurde außer Holz auch Kupfer, Zinn, Zink, Messing, Silber, Perlmutt, Schildpatt, Horn, Bernstein und Elfenbein verwendet. Das Einlegen von Hölzern unterschiedlicher Farbe und Zeichnung nahm dabei naturgemäß den größten Raum ein. Deshalb versteht man unter der Bezeichnung Intarsie im allgemeinen Einlegearbeiten aus Holz.

Die Intarsienkunst umfaßt sowohl ornamentale Ausdrucksformen als auch bildhafte Darstellungen. Während in der ornamentalen Gestaltung vielfach nur zwei Holzarten verwendet wurden, bediente sich die bildhafte Gestaltung einer Vielzahl verschiedenartiger Hölzer. Dabei wurden vor allem in der Spätentwicklung der Intarsienkunst, begünstigt durch die Anwendung der Laubsägetechnik, Struktur und Farbigkeit der verwendeten Holzarten ganz in den Dienst einer möglichst naturgetreuen Wiedergabe des jeweiligen Motivs gestellt. Dort, wo das Holz nicht über die gewünschten Farbtöne verfügte, hat man die Einlagen einfach entsprechend gefärbt. Feine Details wurden mit einer glühenden Nadel eingraviert. Plastische Wirkungen und stufenlose Abschattierungen erzielte man schließlich dadurch, daß die zugeschnittenen Holzteilchen durch ein besonderes Verfahren mehr oder weniger stark angekohlt wurden (sogenanntes Brennen).

Die Anwendung solcher Arbeitstechniken ermöglichte es dann auch Bildwerke zu schaffen, die kaum noch von einer Malerei zu unterscheiden waren. Schriftliche Dokumente aus der Vergangenheit bezeugen, daß Intarsienkünstler teilweise einen wetteifernden Ehrgeiz entwickelten, die Grenzen zur Malerei vollends zu verwischen. Die Tendenz, mit den bildnerischen Mitteln der Intarsie Wirkungen im Sinne einer Malerei zu erzeugen, hat sich mancherorts bis in die Gegenwart hinein erhalten.

Intarsien, die in ihrem äußeren Ausdruck letztlich auf eine malereiähnliche Imitation zielen, müssen zwangsläufig die Grenzen, die durch den Werkstoff gesetzt sind, durchbrechen. Sie geben damit weitgehend ihre künstlerische Eigenständigkeit auf und erschöpfen sich in der handwerklich-technischen Perfektion. Eine derartige Auffassung von der Intarsienkunst erscheint eigentlich schon deshalb als abwegig, weil sie durch einen aufwendigen Arbeitsprozeß das zu imitieren trachtet, was auf direktem Wege – nämlich mit Farbe und Pinsel – ungleich schneller zu bewerkstelligen ist. Im Grunde handelt es sich dabei um eine Umkehrung des Imitationsprinzips.

Zur Verwirklichung künstlerischer Vorstellungen braucht man in der angewandten Kunst Werkstoff. Und Werkstoffe haben bekanntlich ihre spezifische Beschaffenheit. Man vergleiche miteinander z. B. Ton, Glas, Metall, Papier, Holz. Jedes Material hat bestimmte Eigenschaften: weich – hart, fest – locker, spröde – geschmeidig, strukturlos – strukturiert usw. Jedes Material läßt sich in entsprechender Weise bearbeiten: kneten, schneiden, biegen, falten, reißen, brechen, zerspanen, verflüssigen, gießen, kleben, leimen, schweißen, löten usw. Werkgerechte Formen zeichnen sich nun dadurch aus, daß sie dem Charakter des jeweiligen Materials, den technischen Möglichkeiten seiner Bearbeitung sowie den statischen Bedingungen seiner Struktur entsprechen.

Was für den gesamten Bereich der angewandten Kunst gilt, trifft für die Intarsiengestaltung in gleicher Weise zu. Nur liegt der Sachverhalt hier nicht so offenkundig, denn die Intarsie erinnert wegen ihrer reinen Flächenhaftigkeit stark an die Zeichnung oder Malerei. Das mag gewiß auch ein Grund für ihre Hinneigung zur bildhaft-malerischen Darstellungsweise sein. Um so wichtiger ist es für das praktische Tun, Klarheit über das Wesen der Intarsie und ihre gestalterischen Möglichkeiten zu erlangen.

Grundsätzliche Erkenntnisse gewinnt man, indem man Vergleichsmöglichkeiten sucht. Dabei werden Gegensätzlichkeiten sowie Gemeinsamkeiten zwischen den Vergleichsobjekten sichtbar, die zur Klärung des in Frage gestellten Sachverhaltes beitragen. Nach den bisherigen Ausführungen liegt zunächst der Vergleich zwischen der Intarsie und dem gemalten Bild nahe.

Bei der Gestaltung eines Gemäldes ist die schöpferische Fantasie frei von allen Bindungen durch einen bestimmten Werkstoff. Sie ist in der Lage, nach Belieben über Farben und Formen zu verfügen. Die Malerei kann flächige und plastische Wirkungen erzielen; sie kann strichartige und flächenhafte Gebilde hervorbringen; sie kann klare Abgrenzungen und fließende Übergänge schaffen. Die Eingebung allein bestimmt die Wahl der gestalterischen Möglichkeiten.

Die Intarsie hingegen lebt vom Werkstoff, vom Holz in der Form des Furniers. Das Material ist als dünne Holzfläche in unbestimmter Größe vorgegeben. Es stellt aufgrund seiner Beschaffenheit ganz bestimmte Bedingungen, denen sich die schöpferische Fantasie unterwerfen muß. Deshalb ist Intarsiengestaltung im Gegensatz zur Malerei fortwährende Auseinandersetzung mit dem Werkstoff.

Der Vergleich der Intarsie mit dem gemalten Bild macht die elementaren Gegensätze zwischen freier und materialgebundener Gestaltung deutlich. Positive Einsichten im Sinne der praktischen

Brauchbarkeit gewinnt man jedoch nur, wenn die Vergleichsobjekte gleichartigen oder zumindest ähnlichen Bedingungen unterworfen sind. Und das scheint am ehesten beim Glasmosaik der Fall zu sein. Denn auch hier ist der Werkstoff zwar nicht in seiner Beschaffenheit, wohl aber seiner äußeren Form nach in ähnlicher Weise vorgegeben wie das Furnier. Aus der vorgefertigten Glasplatte müssen die Einzelformen stückweise herausgeschnitten werden. Die Beschaffenheit des Materials läßt dabei nur klare Konturen zu und zwingt somit zu einer mehr oder weniger großflächigen Gestaltung. In den Einzelformen ist naturgemäß eine Tendenz zu geometrischen Grundfiguren erkennbar. Es gibt kein Verwischen der Begrenzungen. Jede Einzelfläche bleibt deutlich sichtbar erhalten. Sie ist in ihrer materialgebundenen Form das Bauelement des gestalterischen Schaffens und prägt den charakteristischen Ausdruck des Gesamtwerks. Diese Grundeinsicht läßt sich gleichermaßen als Leitsatz auf die Intarsiengestaltung übertragen.

Zwischen dem Werkstoff Glas und Holz bestehen allerdings erhebliche Unterschiede. Glas ist ein homogenes (strukturloses) Material mit gleichbleibenden, klar abgegrenzten Eigenschaften. Als Halbfabrikat verfügt es über die gesamte Farbskala, die stets in gleicher Weise greifbar bleibt. Daraus ergeben sich sowohl in verarbeitungstechnischer als auch in gestalterischer Hinsicht im Vergleich zum Furnier gewisse Erleichterungen. Ein Glasmosaik kann im Entwurf formal und farblich bis ins letzte Detail festgelegt werden. Jede Zufälligkeit, jeder materialbedingte Überraschungseffekt bleibt ausgeschlossen. Die schöpferische Tätigkeit beschränkt sich im Grunde auf die zeichnerische Ausarbeitung des Entwurfs. Dadurch ist es möglich, die Ausführung des Werkes bedenkenlos vom Entwurf zu trennen, das Handwerkliche vom Künstlerischen zu lösen. Diesen in mancherlei Hinsicht bedeutsamen Vorteil hat das Mosaikglas mit all jenen bildnerischen Werkstoffen gemeinsam, die in ihrem Aufbau eindeutig und unwandelbar sind.

Hier nimmt das Holz und speziell das Furnier eine Sonderstellung ein, die in seiner organischen Wachstumsstruktur begründet ist. In seiner Farbigkeit und Maserung sowie in seiner strukturellen Beschaffenheit ist das Material geradezu von unerschöpflicher Vielfalt. Es kehren zwar ähnliche, niemals aber absolut gleiche Erscheinungsformen wieder. Durch diese fortwährende Wandlungsfähigkeit sind Bild und Wirkung des Furniers vorweg nicht oder nur bedingt faßbar. Jeder Intarsienentwurf trägt deshalb im Hinblick auf die materialbedingten Effekte den Charakter einer Orientierungszeichnung. So bleibt Intarsiengestaltung bis in die manuelle Ausführung hinein eine schöpferische Tätigkeit.

Das charakteristische Gestaltbild der Intarsie wird durch die morphologische Struktur des Holzes also in zweifacher Weise geprägt. Einmal handelt es sich dabei um eine arbeitstechnische Komponente; denn der generelle Aufbau und die individuelle Beschaffenheit des Zellengewebes bedingen eine Bearbeitungsweise, aus der zwangsläufig die Tendenz zu schlichten und geschlossenen Flächenformen resultiert. Man spricht in diesem Zusammenhang von einer material- oder werkgerechten Formgebung.

Die zweite Komponente ist ästhetischer oder gestalterischer Natur. Sie zielt darauf ab, das äußere Erscheinungsbild des Furniers in seinem Maserungs- und Strukturverlauf mit der jeweiligen Flächenform bzw. mit der Gestalt des Motivs in einen harmonischen Einklang zu bringen.

Erst wenn die natürliche Schönheit des Furniers, seine Farbigkeit, Maserung und Struktur durch die formale Gestaltung in unverwechselbarer und werkgerechter Weise zur Geltung gebracht wird, entfaltet die Intarsie ihren besonderen Reiz und ihren arteigenen Ausdruckscharakter.

3 Der Werkstoff

3.1 Aufbau des Holzes

Die spezifische Beschaffenheit des Furniers ist in der pflanzlichen Wachstumsstruktur des Holzes begründet. Wie jedes Lebewesen so besteht auch der Baum und damit das Holz aus einem Gefüge verschiedenartiger Zellen. Jede Zelle ist ein meist langgestreckter, winzig kleiner Hohlkörper, dessen Wandung die eigentliche Holzmasse bildet. Die Form und Größe der Zellen ergeben sich weitgehend aus ihrer jeweiligen Funktion im lebenden Baumstamm. Man unterscheidet zwischen Faserzellen, Gefäßzellen und Speicherzellen. Faserzellen bilden die Hauptmasse des Holzkörpers und sind das Gerüst des Stammes. Die Gefäße, die dem aufsteigenden Saftstrom dienen, sowie das Gewebe der Speicherzellen sind darin gewissermaßen eingebettet. Von den drei unterschiedlichen Zellenarten eines Baumes sind die Faserzellen jeweils die kleinsten. Sie sind in jedem Fall nur mit dem Mikroskop zu erkennen, während man die Gefäßzellen bei vielen Hölzern mit dem bloßen Auge gut sehen kann. Faserzellen und Gefäße liegen grundsätzlich parallel zur Stammachse. Speicherzellen hingegen findet man in zwei unterschiedlichen Anordnungslagen vor. Sie verlaufen einmal in der gleichen Richtung wie die Faserzellen, zum andern liegen sie als sogenannte Markstrahlen bündelweise quer zur Wuchsrichtung des Stammes.

Bild 1 zeigt als Mikroaufnahme einen tangentialen Längsschnitt durch einen Holzkörper (siehe Bilder 9–11). Die Faserzellen sind in Form von Linienstrukturen zu erkennen. Zwischen ihnen liegen einige quergeschnittene Markstrahlen mit deutlich sichtbaren Speicherzellen. An dem breiten, schlauchartigen Gefäß sind die ursprünglichen Gefäßzellen gut erkennbar. In Bild 2 ist der zugehörige Querschnitt durch den Holzkörper dargestellt. Die Faserzellen bilden hier ein wabenartiges Gefüge, während die Markstrahlen mit ihren Speicherzellen in Form von Linienbündeln über die Fläche des Bildes laufen. Die Gefäße sind punktartig angeordnet. Man bezeichnet sie in diesem Schnitt als Poren.
Diese drei Aufbauelemente des Holzkörpers treten trotz vielfältiger Variation immer in ganz bestimmten Grundordnungen auf. Als solche bilden sie nicht nur die Erkennungsmerkmale der Arten, sondern bestimmen ebenso das Erscheinungsbild wie die besonderen Eigenschaften des Holzes.

Die technischen Qualitäten des Holzes sind vorwiegend in der Beschaffenheit der Faserzellen begründet. So verfügt ein Gewebe kleiner und dickwandiger Faserzellen naturgemäß über eine größere Masse an Holzsubstanz als ein solches aus großen und dünnwandigen Zellen. Von der Substanzmenge wird aber die Dichte und somit der Härtegrad der jeweiligen Holzart bestimmt. Extreme Werte nach beiden Seiten wirken sich gleichermaßen negativ auf die Bearbeitungsmöglichkeiten des Holzes und damit des Furniers aus.

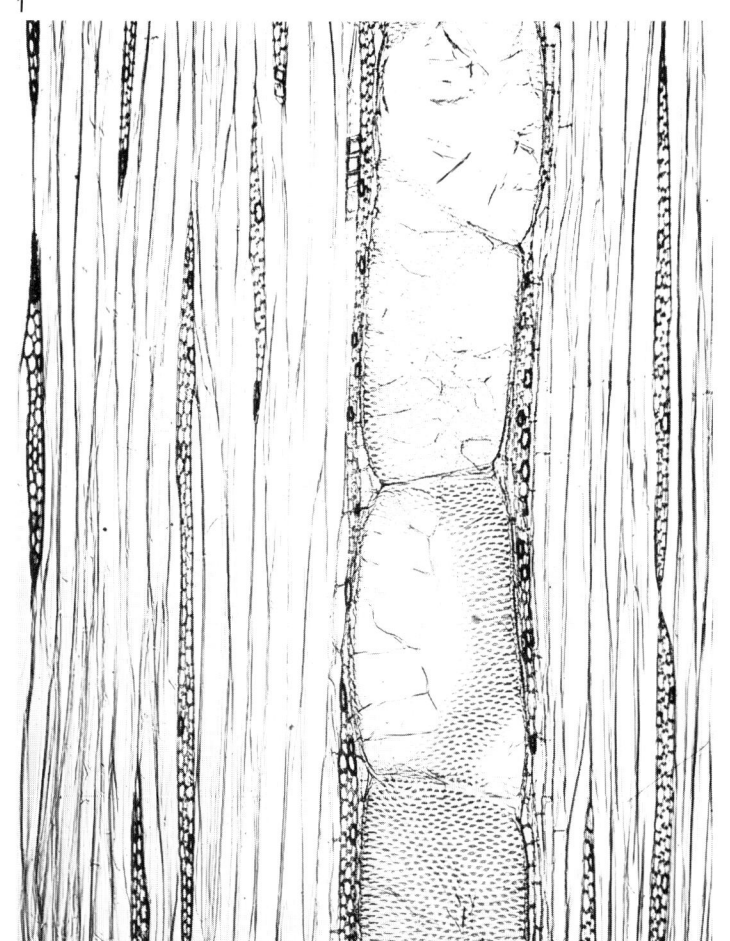

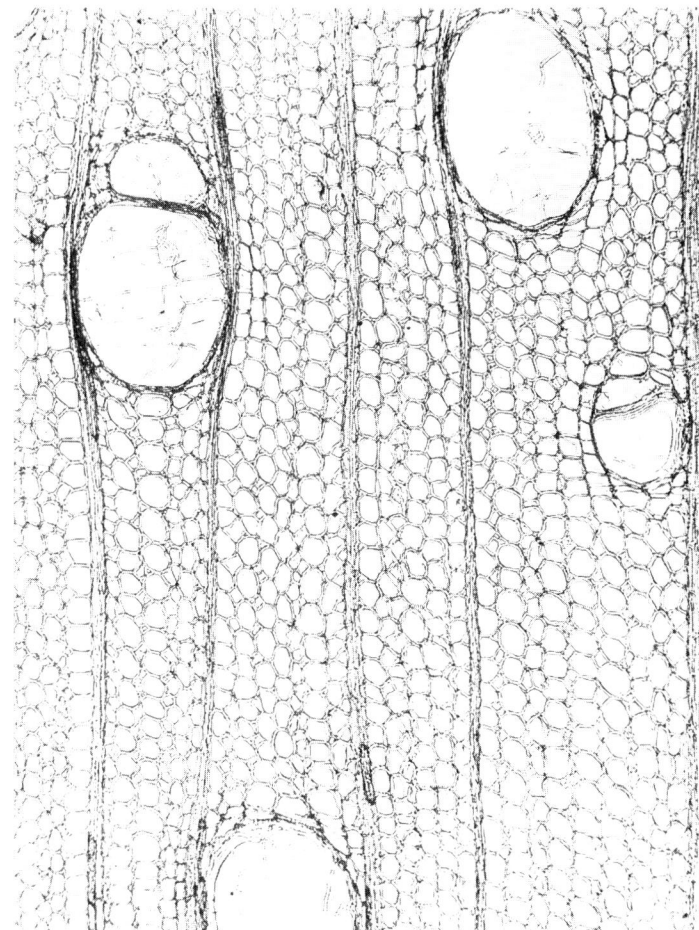

1
2

3.2 Wachstum

Holz wächst bekanntlich durch fortwährende Zellteilung. Im Laufe einer Wachstumsperiode entsteht dadurch rings um den Stamm eine neue Schicht, ein Jahresring. Derartige Jahresringe oder Zuwachszonen heben sich bei Holzarten aus Gebieten mit periodischem Klimawechsel sichtbar voneinander ab. Diese Erscheinung ist bei den einheimischen Hölzern durch die jahreszeitlich bedingte Wachstumspause zum Teil sehr stark ausgeprägt. Holzarten, die im tropischen Regenwald beheimatet sind, zeigen dagegen einen stufenlosen, gleichbleibenden Zuwachs. Die Ausbildung der Jahresringe läßt sich am besten im Querschnitt (Hirnschnitt) beobachten. Jahresringe können von sehr unterschiedlicher Breite sein, und zwar nicht nur bei verschiedenartigen Hölzern, sondern auch bei ein und derselben Holzart. Das ist gewöhnlich auf die jeweiligen Boden- und Witterungsverhältnisse zurückzuführen. Man spricht deshalb von feinjährigen und grobjährigen Hölzern.

Innerhalb eines Jahresringes lassen sich zwei Zonen voneinander unterscheiden: die Frühholzzone und die Spätholzzone. Das im Frühling (April bis Juni) entstehende Frühholz besteht meistens aus großräumigen, aber dünnwandigen Zellen.

Während des weiteren Zuwachses verlieren die Zellen des Spätholzes zwar zunehmend an Größe, gleichzeitig werden ihre Wände aber dicker. Bei den Nadelhölzern treten die Auswirkungen dieses unterschiedlichen Zellenzuwachses besonders deutlich in Erscheinung. Im fortlaufenden Wechsel folgt hier auf die breite, helle und weiche Frühholzzone die verhältnismäßig schmale, aber dunkle und harte Spätholzzone (Bild 3). Dadurch entsteht ein besonders typisches Maserungsbild im Tangentialschnitt (Fladerschnitt).

Bei Laubhölzern ist der Unterschied zwischen den Frühholzzellen und den Spätholzzellen nicht so stark ausgeprägt, deshalb weisen derartige Hölzer ein entsprechend schwächeres Strukturbild auf. Im Gegensatz zu allen Nadelhölzern besitzen sämtliche Laubholzarten Gefäße, die im Querschnitt als Poren erkennbar sind. Bei vielen Hölzern sind die Poren so groß, daß man sie gut mit bloßem Auge sehen kann; bei anderen hingegen beträgt deren Weite (Durchmesser) nur einige hundertstel Millimeter. Man unterscheidet darum zwischen grobporigen und feinporigen Hölzern. Natürlich gibt es dazwischen zahlreiche Abstufungen. Gefäße bzw. Poren kommen stets in bestimmten Anordnungsformen vor. Bei den meisten Laubholzarten sind sie gleichmäßig über die ganze Hirnfläche verstreut. Man bezeichnet solche Hölzer deshalb als zerstreutporig (Bild 4). Eine andere Gruppe sind die ringporigen Hölzer. Bei ihnen werden die Poren fast ausschließlich im Frühholz gebildet (Bild 5). Sie folgen somit dem Verlauf der Jahresringe und bestimmen das Bild des Holzes vor allen Dingen in der Maserung des Fladerschnittes. Andere Anordnungsformen der Gefäße sind nur selten anzutreffen.

Die charakteristischen Merkmale der Holzmaserung sind, wie sich hier gezeigt hat, in der morphologischen Struktur des Holzes begründet. Unregelmäßiges und abartiges Wachstum kann im Maserungsbild besonders ausgeprägte und reizvolle Formen hervorbringen (siehe Bilder 12–17).

In Hinsicht auf die Bearbeitung sind die feinporigen Laubhölzer den grobporigen ebenso überlegen wie den Nadelhölzern; denn sie verfügen über einen jeweils gleichbleibenden Härtegrad.

3.3 Verkernung

Neben der Wachstumstruktur hat die Farbigkeit des Holzes einen nachhaltigen Einfluß auf das Maserungsbild des Furniers. Farbigkeit tritt aber nicht immer in Form einer gleichbleibenden Tönung auf, sondern meist in einem harmonischen Spiel feiner oder auch kräftiger Farbnuancen. Darüber hinaus kann man aber auch farbige Maserungsbilder von großer Ausdruckskraft finden. Die Entstehung der Farbtöne und Farbbilder ist an einen biologischen Prozeß im Baumstamm gebunden, der als Verkernung bezeichnet wird.

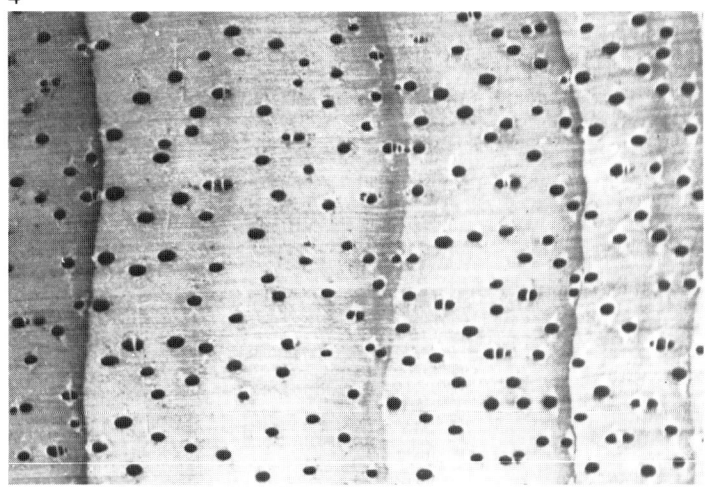

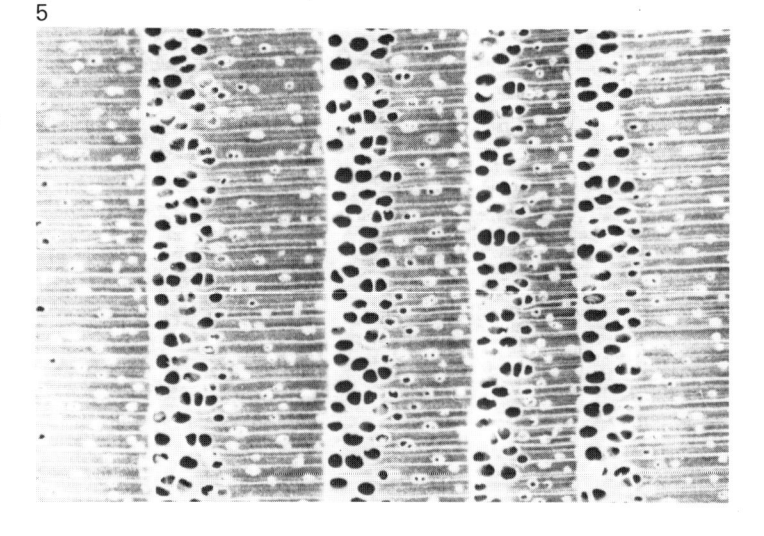

Holz behält in den ersten Jahren nach seiner Entstehung bei sämtlichen Baumarten einen verhältnismäßig einheitlichen hellen Farbton. Er reicht vom gelblichen Weiß über bräunliche bis hin zu hellgrauen Tönen. Wenn der junge Baum ein bestimmtes Alter erreicht hat, tritt im Stamm von innen her ein Verlust an Feuchtigkeit ein. Der aufsteigende Saftstrom verläuft von diesem Zeitpunkt an nur noch in den äußeren Schichten des Stammes, dem sogenannten Splint. Die innere, trockenere Zone wird als Kern bezeichnet. Bei fortschreitendem Wachstum folgt der Bildung eines neuen Jahresringes jeweils von innen her die Verkernung eines entsprechenden Splintanteiles. Dieser Vorgang vollzieht sich natürlich nicht mit exakter Regelmäßigkeit. Während also der Kern von Jahr zu Jahr an Ausdehnung gewinnt, ändert die Splintschicht demgegenüber ihre Breite nur in unerheblichem Maße.

Mit der Verkernung verbinden sich Veränderungen im Stamm, die durch Umwandlung und Ablagerung mancherlei Stoffe bei den meisten Holzarten eine Färbung des Kernes hervorrufen. Die dabei entstehenden Farbtöne umfassen insgesamt zwar nahezu die gesamte Farbskala, haben aber mit mannigfachen Abstufungen das Braun gewissermaßen als werkstoffeigene Grundfarbe. Während die einheimischen Hölzer durchweg über zurückhaltende Farbtöne verfügen, sind vor allem die tropischen Holzarten teilweise von ungewöhnlicher Leuchtkraft (siehe Bilder 53–61). Die durch die Verkernung bedingte farbliche Veränderung des Holzes läßt im äußeren Erscheinungsbild drei Grundtendenzen erkennen:

1. Der Kern ist mit nahezu gleichmäßigem Farbton gedunkelt und zeigt zum Splint hin eine dem Verlauf der Jahresringe entsprechende Abgrenzung. Diese Begrenzung kann sowohl scharf als auch etwas verschwommen sein (Bild 6).
2. Außer einer mehr oder weniger deutlichen Färbung zeigt der Kern dunkle Ringe, die mit gewissen Abweichungen nahezu parallel zu den Jahresringen verlaufen. Derartige dunkle Ringe können sich in gleichen oder unregelmäßigen Abständen bilden. Im Radialschnitt zeigen sie eine ausgeprägte Streifung (Bild 7).
3. Die Verfärbung des Kernes vollzieht sich sowohl der Abgrenzung als auch dem Bilde nach in vollkommen unregelmäßiger und rätselhafter Weise. Ein eindrucksvolles Beispiel dafür ist südamerikanisches Palisanderholz (Bild 8).

Die Maserungsbilder, die in Verbindung mit der Verkernung auftreten, lassen sich zuweilen leicht verwechseln mit der strukturbedingten Maserung. Das ist besonders bei gleichmäßig ringförmiger Verfärbung der Fall. Bei genauer Beobachtung kann man auch im Längsschnitt oft sehen, wie strukturbedingte und durch Farbwirkung hervorgerufene Maserung sich gegenseitig durchdringen. Aus arbeitstechnischen Gründen ist hier eine klare Unterscheidung erforderlich.

3.4 Schnittbilder

Das Bild einer Holzfläche wird letztlich bestimmt durch die Lage des Schnittes zur Stammachse bzw. zu den Jahresringen. Der Querschnitt oder Hirnschnitt zeigt das bekannte und für die Holzbestimmung wichtige Bild des ringförmigen Holzzuwachses. Die grundlegenden Holzbilder kommen durch den Längsschnitt zustande. Durch den mantelartigen Zuwachs der Jahresringe ergeben sich dabei zwei unterschiedliche Formen. Wird ein Stamm von der Außenkante her in Längsrichtung aufgeschnitten, so zeigt sich auf den ersten Brettern das allgemein bekannte Holzbild der Fladerung. Demgemäß wird dieser Schnittverlauf in der Fachsprache als Fladerschnitt bezeichnet. Die ebenfalls übliche Bezeichnung als Tangentialschnitt oder Sehnenschnitt leitet sich von seiner Lage auf der kreisförmigen Querschnittsfläche des Stammes ab. Je mehr man sich beim weiteren Auftrennen des Stammes dem Mittelpunkt bzw. der Markröhre nähert, desto schlanker werden die Fladern und desto zahlreicher die senkrecht verlaufenden Jahresringe (Bild 9 und 10). Wird beim Aufschneiden die Markröhre erreicht, dann zeigt die Schnittfläche das verhältnismäßig einförmige Bild der parallel zueinander verlaufenden Jahresringe. Man spricht deshalb auch von streifiger Struktur. Bei Hölzern mit kräftig ausgebildeten Markstrahlen, wie beispielsweise der Eiche und Buche, zeigt das Schnittbild die charakteristischen glänzenden Flächen. Diese Erscheinung hat dem Radialschnitt bekanntlich auch die Bezeichnung Spiegelschnitt eingebracht (Bild 11).

Die grundlegenden Schnittbilder des Holzes treten beim Furnier in gleicher Weise auf wie beim Massivholz. Darüber hinaus können aber durch besondere Herstellungsverfahren Furnierbilder erzeugt werden, welche die Eigentümlichkeit bestimmter Wachstumsstrukturen in optimaler Weise zur Geltung bringen. Ihrer Herstellung nach werden die Furniere als Messer-, Säge- und Schälfurniere bezeichnet.

Das allgemein gebräuchliche Oberflächenfurnier ist das Messerfurnier. Auf einer Messermaschine wird der vorbehandelte Stamm als Messerblock Blatt für Blatt aufgeschnitten. Das dabei entstehende Furnierbild unterscheidet sich nicht von dem des Massiv-

6

7

8

holzes. Allerdings kann durch entsprechende Zurichtung des Messerblockes auch ein gezieltes Furnierbild – gestreift, halb gefladert, voll gefladert – erzeugt werden. Messerfurniere für den Möbel- und Innenausbau werden allgemein in Stärken von 0,5 bis 1,2 mm hergestellt.

Das Sägefurnier gilt als die älteste Form des Furnieres. Durch die hochentwickelten Messerverfahren ist es heute jedoch weitgehend vom Markt verdrängt.

Für die Herstellung von Schälfurnieren gibt es verschiedene Verfahren, bei denen das Furnier auf Schälmaschinen von dem sich drehenden Stamm geschnitten wird. Schälfurnier findet hauptsächlich bei der Fertigung von Tischler- und Furnierplatten Verwendung. Für die Gewinnung von Edelfurnieren wird das Schälverfahren vorwiegend bei der Aufarbeitung von Maserhölzern angewendet. Die abartigen Wachstumserscheinungen, die den verschiedenartigen Maserbildern zugrunde liegen, verlaufen meist in Form von Aufwerfungen, Buckeln und Knospen in radialer Richtung. Durch den Schälvorgang ergibt sich hier ein rechtwinkliger Schnittverlauf, der das charakteristische Bild der Maserfurniere hervorbringt (siehe Bilder 30–35).

3.5 Tangentiale Maserungsbilder

Die Abbildungen auf Seite 13 zeigen Furnierproben mit tangentialen bzw. gefladerten Maserungsbildern, die ausschließlich in der jeweiligen Wachstumsstruktur begründet sind. Der Holzzuwachs und die Art der Porenanordnung bilden hierbei bekanntlich die bestimmenden Faktoren. In Bild 12 ist das für die meisten Nadelhölzer charakteristische Fladerbild der Kiefer dargestellt. Das helle Frühholz gleitet nahezu stufenlos in die dunklere Spätholzzone hinüber, die ihrerseits zum nächsten Jahresring scharf abgegrenzt ist.

Bild 13 zeigt die schlanke Fladerung einer milden, verhältnismäßig feinjährigen Eiche. Das Bild der Flader ist grundsätzlich auf eine durch die Lage des Schnittes zu den Jahresringen bedingte Anhäufung sehr kurzer Porenrillen zurückzuführen. Diese nehmen zu den Seiten der Fläche hin innerhalb eines Jahresringes zahlenmäßig ab, werden aber gleichzeitig länger.

Die breite, aber engringige Fladerung des Senholzes in Bild 14 beruht auf einer starken Neigung des Schnittverlaufs zur Richtung der Jahresringe.

Die in Bild 15 dargestellte ungewöhnlich weite Rüsterflader ist hingegen bedingt durch einen nahezu parallelen Verlauf des Schnittes und der Jahresringe. Außer dem ausgeprägten Ring der groben Poren im Frühholz ist hier innerhalb der jährlichen Zuwachszonen die ebenfalls ringförmige Anordnung der feinen Spätholzporen mit dem sie umlagernden Speichergewebe sehr deutlich zu erkennen.

Bild 16 zeigt ebenfalls das Schnittbild einer Rüsterart. Derartige geschlossene Fladerbilder sind auch häufig bei anderen Holzarten anzutreffen. Sie sind in der Regel auf Krümmungen im senkrechten Wuchs des Stammes zurückzuführen.

Über ein ungewöhnliches Fladerbild verfügt das in Bild 17 dargestellte Tamoholz, eine japanische Eschenart. Das bizarre Strukturbild ist, wie die linke Flächenpartie eindeutig zeigt, eine Folge des wellenartigen senkrechten Wuchses der Jahresringe bzw. der Porenringe.

Im Gegensatz zu diesen Abbildungen sind die Fladerbilder der nächsten Gruppe einzig auf die mit dem Verkernungsprozeß verbundene Verfärbung des Holzes zurückzuführen. Das in Bild 18 dargestellte Holzbild der einheimischen Esche läßt sehr deutlich von links unten nach rechts oben die auf den ringporigen Wuchs beruhende Teilflader erkennen. Durch die Farbverkernung ist aber ein zusätzliches Maserungsbild entstanden, das vor allen Dingen auf der rechten Hälfte des Furnierausschnittes eindeutig von der Wachstumsstruktur abweicht.

Bei dem Fladerbild des Nußbaumfurniers in Bild 19 scheint auf dem ersten Blick eine Übereinstimmung zwischen den beiden Maserungsarten vorzuliegen. Bei genauer Betrachtung sind aber auch hier die Abweichungen erkennbar.

Von besonderer Eigenart ist das Maserungsbild des in Bild 20 dargestellten Wengeholzes. Das markante Bild der gleichförmigen Fladern ist auf die ringartige Anordnung des längsverlaufenden Speichergewebes zurückzuführen. Im Gegensatz zu den beiden oben genannten Hölzern handelt es sich hier wie bei den drei

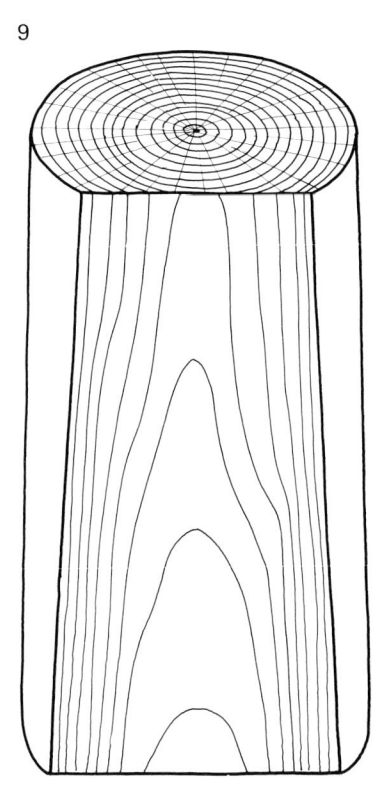

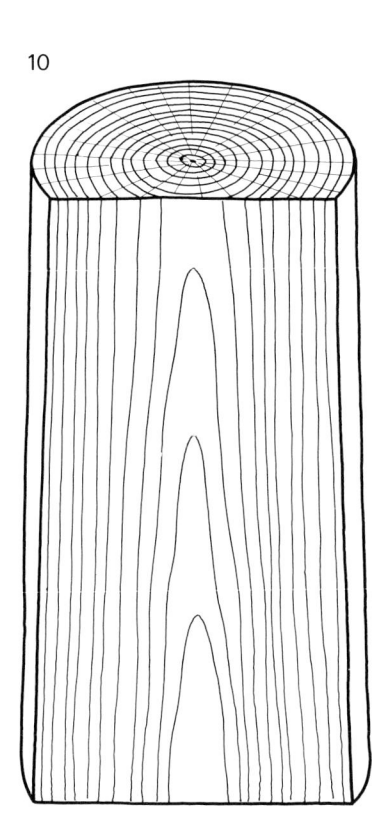

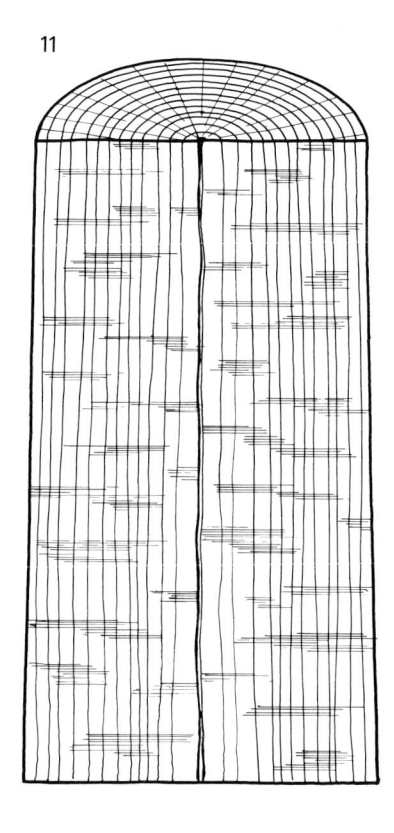

9 10 11

nachfolgenden Abbildungen um überseeische Holzarten mit
grob zerstreutporiger Struktur.
Die Bilder 21, 22 und 23 zeigen Maserungsbilder des seit Jahren
sehr in Mode stehenden Rio-Palisanderholzes. Diese Holzart ist
von starker Ausdruckskraft und in ihrer Maserung von ungewöhnlicher Vielfalt. Das Verkernungsbild (Bild 21) erinnert in
seiner Form an die strukturbedingte Maserung der Nadelhölzer
oder ringporiger Laubhölzer. Demgegenüber zeigt Bild 22 eine
Fladerung mit nahezu richtungsloser Zeichnung.
Während die beiden letztgenannten Maserungsbilder einen einheitlichen Aufbau haben und auch bei anderen Holzarten anzutreffen sind, ist das in Bild 23 dargestellte Fladerbild nur für eine
bestimmte Art des Rio-Palisander charakteristisch. Durch das
teilweise unorganisch wirkende Nebeneinander unterschiedlicher
Teilbilder erhält die Maserung ein fast unnatürliches Aussehen.

3.6 Radiale Maserungsbilder

Furniere, die in radialer Schnittführung vom Block abgetrennt
sind, werden wegen ihrer schlichten Maserung als Streifenfurnier
bezeichnet. Bei den hier abgebildeten Furnierflächen lassen sich
die streifigen Maserungsbilder sowohl auf die Wachstumsstruktur
als auch auf die Farbverkernung des Holzes zurückführen.
Das in Bild 24 dargestellte Furnier der Rotbuche hat zwar, seiner
zerstreut feinporigen Struktur entsprechend, ein schwach ausgeprägtes Streifenbild, sehr deutlich treten dafür aber die für diesen
Schnitt charakteristischen Spiegel hervor.
Ringporige Hölzer, wie die in Bild 25 gezeigte Esche, haben im
allgemeinen recht grobe Poren. Deshalb treten hier die aus den
Porenrillen gebildeten Streifen sehr deutlich in Erscheinung.
Von den Holzarten, deren Maserung in der Farbverkernung be-

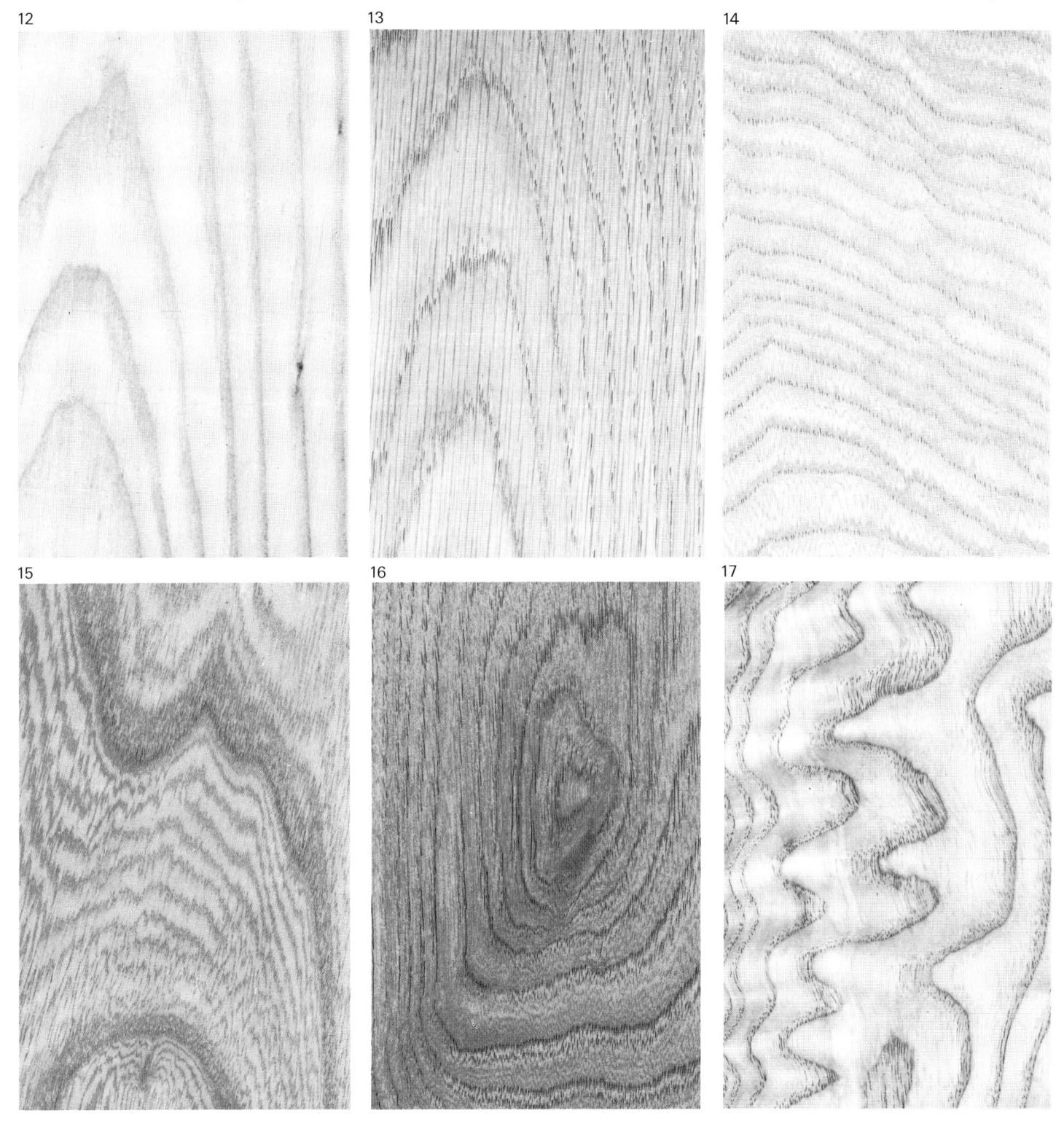

gründet ist, entwickelt das in Bild 26 dargestellte Zebranoholz ein ausgeprägtes Maserungsbild. Die sehr dunklen Farbringe rufen im Radialschnitt eine kräftige Streifung von erstaunlicher Regelmäßigkeit hervor.

Die Teakholzfläche in Bild 27 zeigt ein bei dieser Holzart häufig anzutreffendes Streifenbild. Entgegen der klaren Einzelstreifung des Zebranoholzes kommt es hier zu unterschiedlich breiten Bündelungen mit wechselnden Abständen.

Unregelmäßig und häufig recht kontrastreich ist das in Bild 28 dargestellte Makassar-Ebenholz. Klare Einzelstreifen können hier unmittelbar neben verschwommenen Zonen liegen.

Das Furnierbild des Bubingaholzes in Bild 29 kann im strengen Sinne nicht mehr als radiale Schnittfläche angesehen werden. Die kreisrunde Form des Astansatzes besagt, daß es sich hier um den seitlichen Abschnitt eines Fladerbildes handelt.

3.7 Gemaserte Holzbilder

Maserwuchs ist eine vom normalen, gestreckten Faserverlauf abweichende unregelmäßige Wuchsform, bei der sich drei Arten voneinander unterscheiden lassen.

Als Maserholz im engeren Sinne gelten die knollenartigen Auswüchse an den Stämmen mancher Baumarten. Der Faserverlauf, der solchen Wucherungen zugrunde liegt, ist naturgemäß äußerst wirbelig und kraus.

Eine weitere Art des Maserholzes ist die auch als Wurzelkopf bekannte Maserung des Wurzelstockes. Das Holz dieses Stammabschnittes zeigt vielfach unregelmäßig wellige und marmorierte Schnittbilder, die der Knollenmaserung auch zum Verwechseln ähnlich sein können.

Eine besondere Form des Maserbildes bringen jene Holzarten

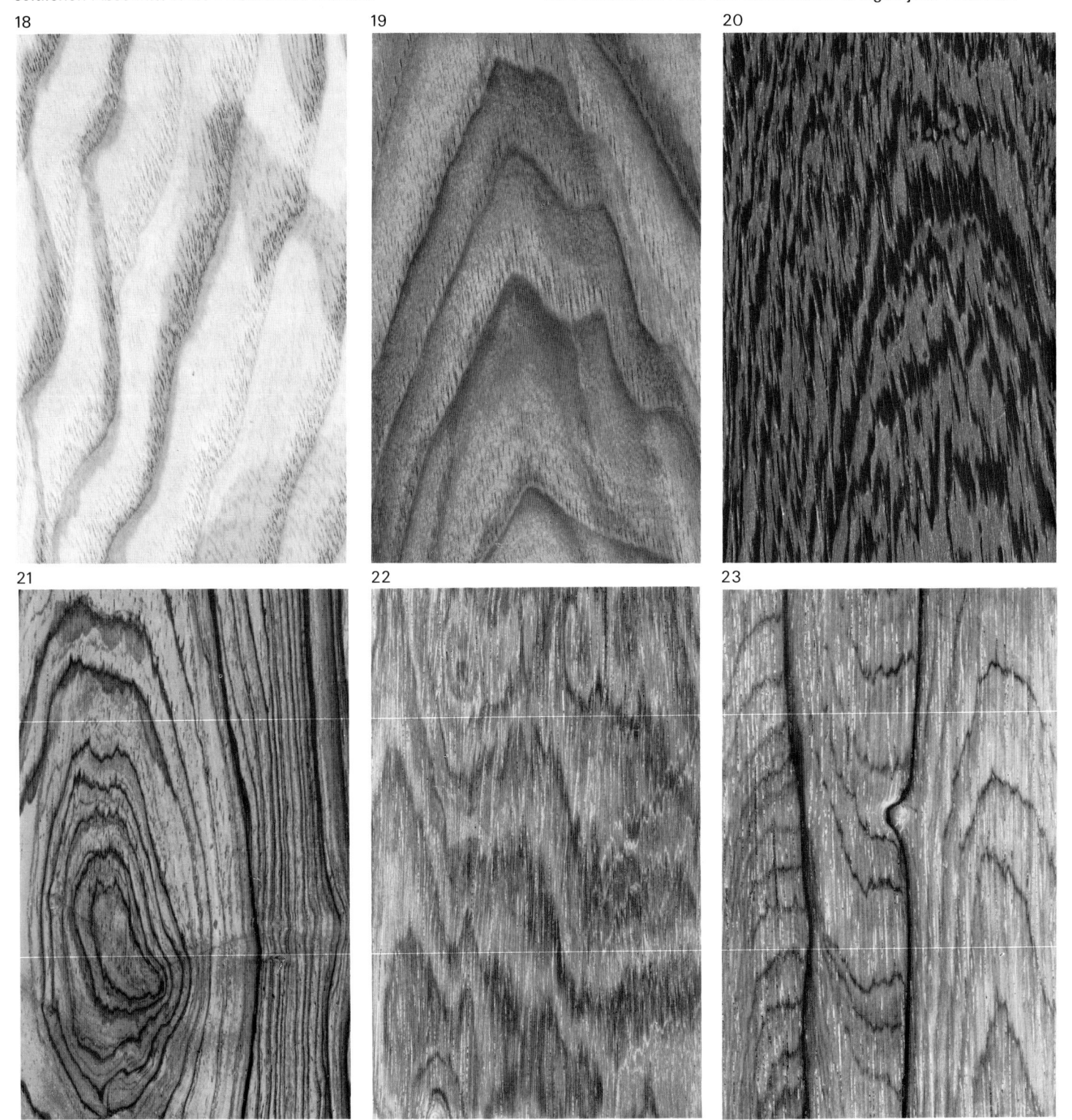

hervor, bei denen sich, über den gesamten Stamm fast gleichmäßig verteilt, fortwährend zahllose Knospen bilden. Dadurch entsteht mit fortschreitendem Wachstum eine Unzahl radial gerichteter Formfortsätze. Bei der Furnierherstellung werden diese Gebilde durch den Schälvorgang in der Holzfläche als sogenannte Augen freigelegt.

Bild 30 zeigt im Radialschnitt den Ansatz einer Maserknolle des Nußbaumholzes.

In Bild 31 ist das tangentiale Maserbild eines Nußbaumes mit etwas groberer Zeichnung zu sehen.

Ein durch seine Ringporigkeit klar ausgeprägtes Maserbild zeigt das Rüsterholz in Bild 32.

Die Amboina-Maser in Bild 33 verfügt über einen besonders gleichmäßigen und feinen Aufbau.

Bild 34 zeigt das bekannte Bild des Vogelaugenahorn und Bild 35 das eigentümliche Maserbild der nordischen Birke. Furniere von Maserknollen und Wurzelstöcken sind meistens wellig. Sie müssen deshalb vor der Verarbeitung angefeuchtet werden und im gepreßten Zustand trocknen. Daß dabei häufig Risse entstehen, ist unvermeidlich.

3.8 Glanzbilder

Einige Holzarten besitzen von Natur aus einen gleichmäßig seidigen Glanz. Darüber hinaus können aber auch ganz bestimmte Glanzeffekte dadurch entstehen, daß der Faserverlauf in mehr oder weniger gleichmäßigem Rhythmus von der geraden Wuchsrichtung abweicht.

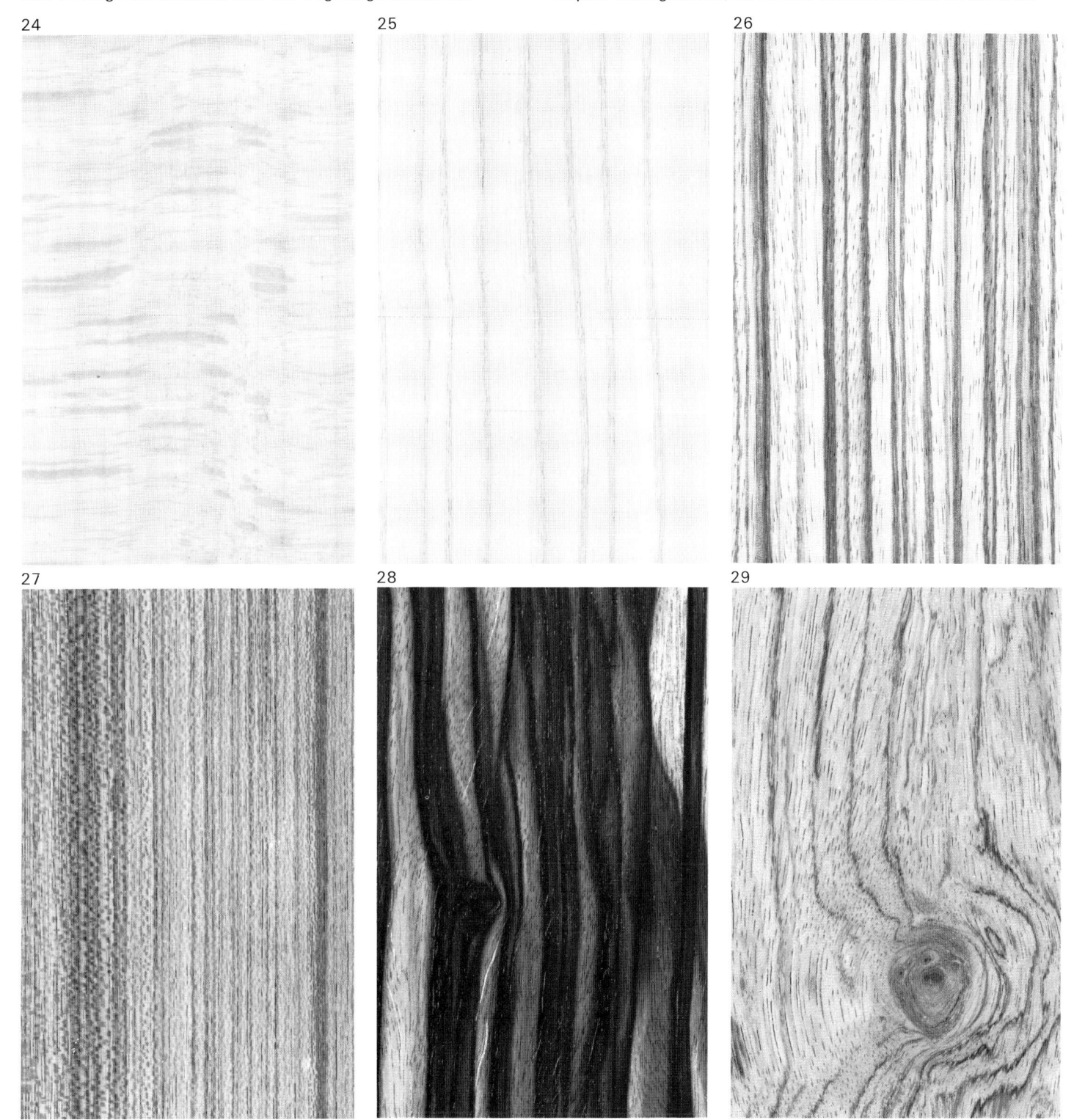

Als bekanntes Beispiel dafür gilt das in Bild 36 dargestellte Sapelli-Mahagoniholz, für dessen radiales Schnittbild die senkrecht durchlaufenden Glanzstreifen charakteristisch sind. Diese streifenförmige Glanzwirkung beruht lediglich auf einer unterschiedlichen Reflektion des Lichtes, die durch wechselnden Drehwuchs zustande kommt.

Ein in waagerechter Richtung verlaufendes Glanzbild zeigt das Mahagoniholz in Bild 37. Die hier zugrunde liegende Abweichung von der geradlinigen Struktur besteht in einer gleichbleibend wellenförmigen Anordnung der Faserzellen in ihrer Längsrichtung. Dieses als Riegelung bezeichnete Glanzbild ist vor allem als charakteristisches Merkmal des Ahornholzes (Riegelahorn) bekannt.

Das in Bild 38 dargestellte Avodireholz hat ein großflächig moiriertes Glanzbild mit treppenartiger Stufung. Solche Glanzbilder können sich bis zu einem schachbrettartigen Muster verdichten. In den Bildern 39 und 40 sind wiederum Glanzbilder des Mahagoniholzes dargestellt. Beide Bilder weichen bei annähernd gleichem Aufbau in ihrer Größe stark voneinander ab. Das wabenartige Glanzmuster wird als pommele bezeichnet.

Bei einigen Holzarten kommt ein ausdrucksstarkes Glanzbild durch die wirbelige Wachstumsstruktur an Stamm- und Astgabelungen zustande. Die Formen, die hier beim Einschnitt entstehen, sind als sogenannte Pyramiden bekannt. Bild 41 zeigt eine Mahagoni-Pyramide.

Außer den hier abgebildeten Glanzeffekten gibt es noch sogenannte blumige und geflammte Glanzbilder.

3.9 Farbbilder

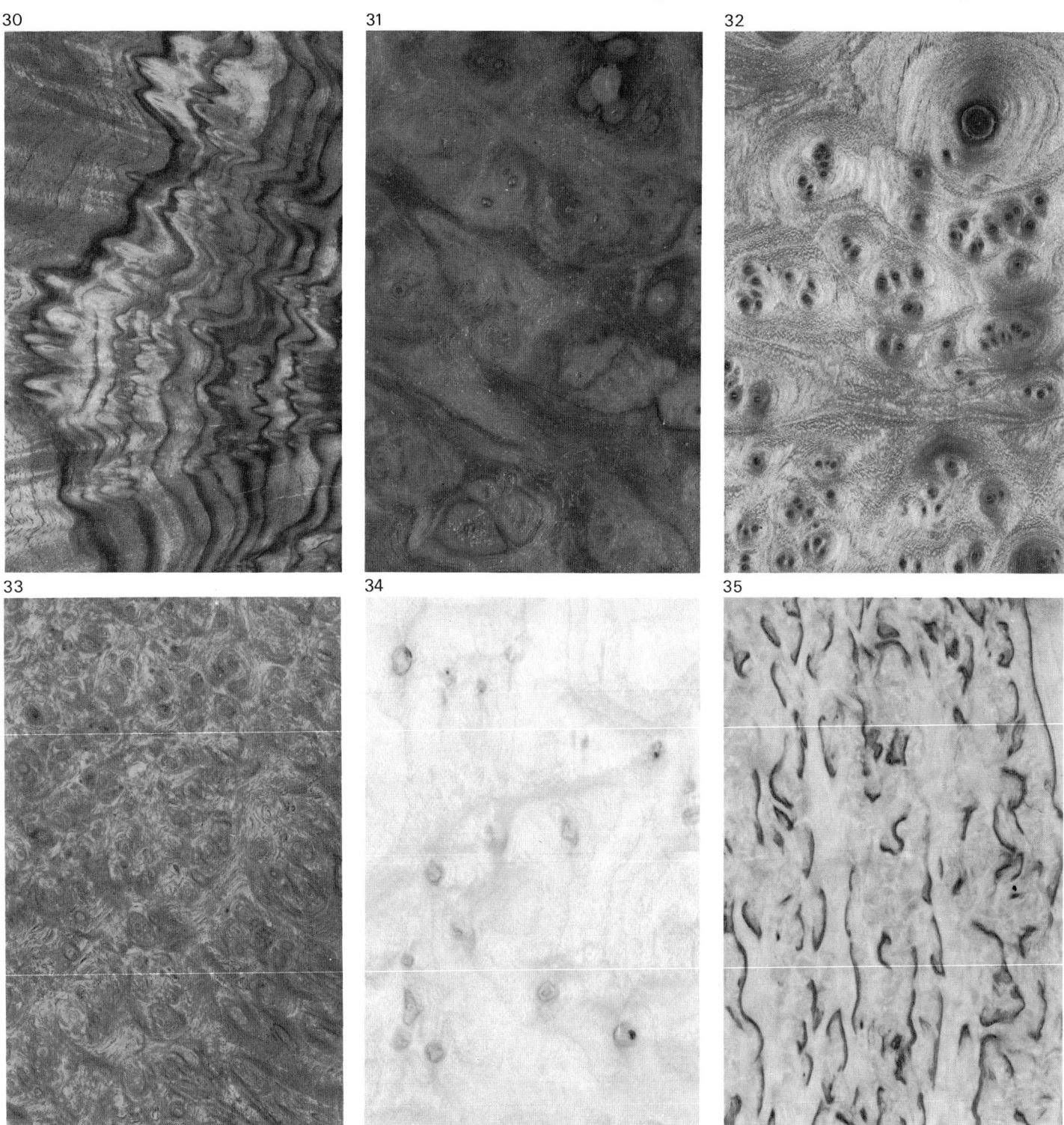

Wandlungsfähig wie in seinem Maserungsbild ist das Holz auch in seiner Farbigkeit. Einerseits trifft man bei Hölzern gleicher Art immer wieder auf unterschiedliche Farbnuancen, andererseits können grundverschiedene Holzarten aber auch von gleicher oder ähnlicher Farbe sein. Deshalb bietet die Farbausprägung allein für die Bestimmung der Arten nur oberflächliche und unsichere Anhaltspunkte.

Die Bilder 42–46 zeigen am Beispiel des Nußbaumholzes (Walnuß), wie stark der Farbton einer Holzart variieren kann. Nußbaum eignet sich für die Veranschaulichung dieser Erscheinung im besonderen Maße; denn kaum ein anderes europäisches Holz hat sowohl im Hinblick auf die Farbnuancierung als auch auf die Wandlungsfähigkeit des Holzbildes eine ähnliche Spannweite aufzuweisen. Solche Unterschiede im äußeren Erscheinungsbild sind weitgehend durch die Klima- und Bodenverhältnisse der jeweiligen Wachstumsgebiete bedingt.

Demgemäß unterscheidet man zwischen deutschem, französischem, italienischem und kaukasischem Nußbaumholz.

Sieht man von der helleren und einheitlichen Farbe des Splintholzes ab (Bild 42), so gilt der deutsche Nußbaum in seiner graubraunen Färbung als der schlichteste (Bild 43). Dem italienischen und französischen Nußbaum wird allgemein eine etwas kräftigere Maserung zugeschrieben (Bild 45). Über ein unverkennbares Bild verfügt der über Kleinasien und den Kaukasus verbreitete Nußbaum mit seiner ausdrucksstarken, zum Teil tiefschwarzen Marmorierung (Bild 46).

Das zur Zeit häufig verarbeitete amerikanische Nußbaumholz unterscheidet sich von den genannten Arten durch seinen gröberen, aber geradfaserigen Aufbau und durch seine einheitliche grauviolette Tönung (Bild 44).

Das Holz sämtlicher Nußbaumarten ist fest und mäßig hart. Es läßt sich deshalb mit dem Messer gut bearbeiten.

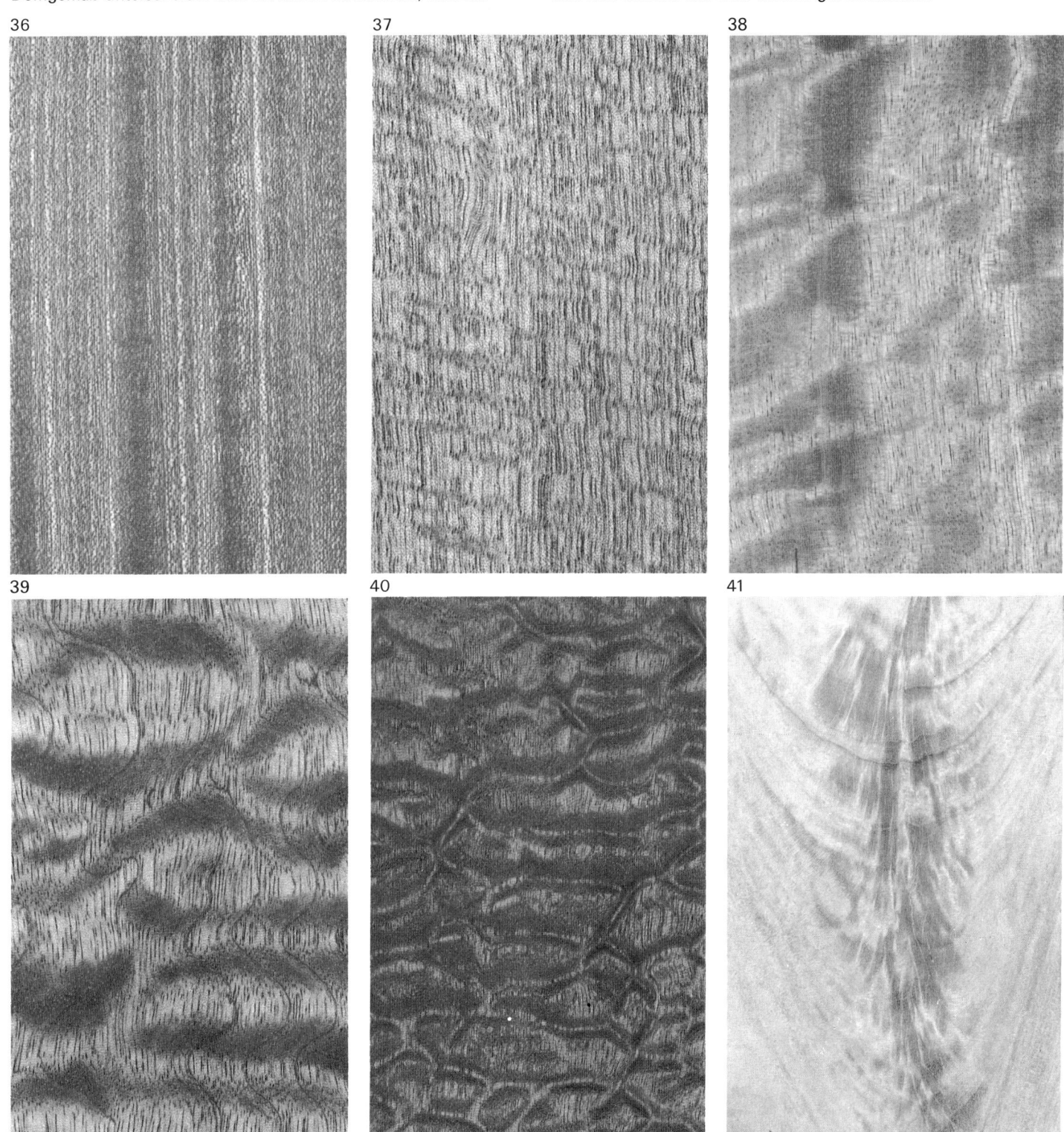

Im folgenden wird am Beispiel einiger bekannter Holzarten versucht, die für den Werkstoff Holz charakteristischen Farbsektoren des Gelb-Braun, Rot-Braun und Blau-Braun in ihrer Farbintensität und ihrer Helligkeitsabstufung zu erfassen. Die Furniermuster sind jeweils zur Hälfte im geglätteten Rohzustand belassen sowie mit einem Lacküberzug versehen.

Holzarten des Farbsektors Gelb-Braun
Bild 47 Ahorn, feinporig, fest, mäßig hart. Bearbeitung: sehr gut.
Bild 48 Limba, grobporig, fest, mäßig hart. Bearbeitung: gut.
Bild 49 Eiche, grobporig, fest, unterschiedlich hart. Bearbeitung: mäßig gut bis schwierig.
Bild 50 Rüster, grobporig, fest, mäßig hart. Bearbeitung: gut.
Bild 51 Teak, grobporig, mäßig fest, mäßig hart. Bearbeitung: gut.

Holzarten des Farbsektors Rot-Braun
Bild 52 Kirschbaum, feinporig, fest, mäßig hart. Bearbeitung: sehr gut.
Bild 53 Mahagoni, grobporig, mäßig fest, mäßig hart. Bearbeitung: gut.
Bild 54 Cocobolo, grobporig, mäßig fest, hart. Bearbeitung: schwierig.
Bild 55 Rio Palisander, grobporig, fest, unterschiedlich hart. Bearbeitung: mäßig gut bis schwierig.
Bild 56 Ebenholz, feinporig, fest, sehr hart. Bearbeitung: schwierig.

Holzarten des Farbsektors Blau-Braun
Bild 57 Birnbaum, feinporig, fest, mäßig hart. Bearbeitung: sehr gut.

Bild 58 Madagaskar-Palisander, grobporig, fest, hart. Bearbeitung: mäßig gut bis schwierig.
Bild 59 Mukulungu, grobporig, mäßig fest, hart. Bearbeitung: mäßig gut bis schwierig.
Bild 60 und 61 Ostindisch-Palisander, grobporig, fest, unterschiedlich hart. Bearbeitung: mäßig gut bis schwierig.

Bild 62 Ausschnitt aus einem Furnierblatt Rio-Palisander mit besonders ausdrucksvoller Zeichnung.

4 Die Gestaltung

4.1 Gestaltungselemente

Als künstlerische Technik der Flächengestaltung unterliegt die Intarsie den allgemeinen bildnerischen Gesetzmäßigkeiten und Wirkungen, die sich aus den Gestaltungselementen Linie, Fläche, Farbe herleiten.
Im Gegensatz zur Grafik tritt die Linie hier niemals als selbständiges Gestaltungselement in Erscheinung. Ihre Funktion beschränkt sich auf die Begrenzung der Fläche. Durch die Linienführung werden die Konturen der jeweiligen Fläche festgelegt, und dabei wird der Charakter der Linie an die Fläche gebunden.
Geradlinige Flächenbegrenzungen bringen einen strengen Ausdruck in das Gestaltbild, während geschwungene Linienführungen in ihrer Wirkung weich sind. Die Grundformen des Linienverlaufs lassen sich durch Abwandlung und Zusammensetzung variieren; dadurch wird eine weitere Differenzierung des Ausdrucks erreicht.
Der Ausdruckscharakter einer Flächenform wird außer durch die begrenzende Linie aber auch von Wirkungen bestimmt, die allein in der Zweidimensionalität begründet sind. So haften den geometrischen Flächenfiguren bestimmte dynamische Tendenzen an.
Bei der Intarsie tritt die abstrakte Flächenform in eine bildnerische Wechselwirkung mit der Materialstruktur des Furniers. Deshalb sind für das Zusammenwirken von Flächenform und Holzmaserung grundlegende Erkenntnisse zu beachten.
In ähnlicher Weise muß das Verhältnis zwischen allgemeinen Farbwirkungen und den besonderen Bedingungen des Holzes gesehen werden.

4.2 Gestaltungsprinzipien

Die in der Intarsiengestaltung geltenden Ordnungsprinzipien sind unterschiedlicher Natur: Einmal sind sie als allgemeine Gestaltungsprinzipien im rein bildnerischen Charakter des Werkes begründet, zum andern wurzeln sie in den besonderen Bedingungen des als bildnerisches Mittel verwendeten Materials.

4.2.1 Allgemeine Gestaltungsprinzipien

Zu den wichtigsten bildnerischen Prinzipien zählen in dem hier erörterten Zusammenhang die Ordnung, der Rhythmus, die Ausgewogenheit, die Klarheit und die Einheit.
Ordnung
Die Bedeutung, die der Ordnung als Gestaltungsprinzip zukommt, ist vergleichbar der eines tragenden Skeletts oder Gerüstes. So verbirgt sich, wenn man vom Flächenornament absieht, hinter jeder Bildgestalt in der Regel ein ganz bestimmtes Ordnungsschema. Derartigen Ordnungssystemen liegen meist geometrische Gebilde wie die Diagonale, der Winkel, das Dreieck, der Kreis zugrunde. Entscheidendes Merkmal für die Wirksamkeit des Prinzips der Ordnung ist die kompositionelle Geschlossenheit des Bildwerks.
Rhythmus
Rhythmus ist das Wechselspiel gegensätzlicher Bildelemente. Das bekannteste Beispiel für Flächenrhythmus ist das Schachbrettmuster. Hier kommt meist das Element Farbigkeit mit der Tendenz des Hell-Dunkel-Kontrastes zur Anwendung. Die Kontrastelemente, deren der Rhythmus sich in der Intarsiengestaltung bedient, sind einmal die grafischen Flächenqualitäten (Flächengröße, Flächenform, Flächenlage) und zum andern die Materialeigenschaften (Maserung, Farbe, Glanz).
Während der Rhythmus im ornamentalen Bereich als das beherrschende Prinzip gilt, ist seine Wirksamkeit in der gegenständlichen Gestaltung nicht so offenkundig. Das rhythmische Spiel der Flächen hat sich hier an der Beschaffenheit des Einzelgegenstandes und an dem festgelegten Bildaufbau zu orientieren. Innerhalb dieser Grenzen bestimmt der Rhythmus vornehmlich die Größen- und Abstandsverhältnisse. Deshalb bringt ein deutlicher Wechsel der Flächengrößen und Flächenformen in Verbindung mit der Farbigkeit Spannung und Lebendigkeit in die Bildkomposition.
Ausgewogenheit
Bei aller Vielfalt an Formen und aller Lebendigkeit des rhythmischen Wechselspiels muß ein Gestaltbild sein Gleichgewicht bewahren. Im Flächenornament schließt der fortlaufende rhythmische Wechsel den Gleichgewichtszustand meistens in sich ein. Am deutlichsten wird das Prinzip der Ausgewogenheit sichtbar in der Plazierung eines gegenständlichen oder ungegenständlichen Motivs auf dem Bildgrund. Man muß dabei unterscheiden zwischen Motiven mit ruhender Wirkung und solchen, denen eine bestimmte Richtungstendenz und damit eine dynamische Wirkung zu eigen ist.
Bildmotive mit eindeutiger Richtungstendenz sollten so plaziert werden, daß die Bewegungsrichtung stets in die Bildfläche hineinführt. Auf diese Weise verbleibt der Dynamik ein angemessener Wirkungsraum, der dem Bildwerk eine ausgewogene Anordnung sichert.
Klarheit
Das Prinzip der Klarheit äußert sich in der Proportionierung und in der Abgrenzung der Einzelflächen ebenso wie in der Art des rhythmischen Wechselspiels, in der Deutlichkeit des Bildaufbaus oder in der Eindeutigkeit der Materialwirkung und der Farbabstufungen.
Für die praktische Arbeit ergeben sich daraus bestimmte Grundregeln:
1. Die Einzelflächen einer Intarsie sollten grundsätzlich nicht zu klein sein, so daß die Eigenart des Holzes erkennbar bleibt.
2. Die Flächenformen sollten möglichst einfach sein. Geometrische Grundformen eignen sich deshalb besonders gut.
3. Bei der Gestaltung der Einzelfläche sollten übertrieben spitze Winkel vermieden werden.
Diese Regeln decken sich in vollem Umfang mit den Bedingungen, die der Werkstoff in arbeitstechnischer Hinsicht an die Form der Einzelfläche stellt.
Einheit
Wie eine Handschrift ihr individuelles Gepräge oder ein Baum seine charakteristische Form hat, so erwartet man von einem Bildwerk, daß es einen besonderen Ausdruckscharakter hat und »aus einem Guß« ist.
In der Intarsiengestaltung ist ein einheitlicher Ausdruck am sichersten zu erlangen, indem man sich bei der Wahl der Bildmittel jeweils auf bestimmte Holzarten, Maserungsbilder, Flächenformen und Farbtöne beschränkt.

4.2.2 Einklang zwischen Werkstoff und Form

Die spezifische Wirkung der Intarsie ist bekanntlich in der Struktur und Maserung des Holzes begründet. Diese charakteristischen Materialeigenschaften bestimmen aber immer die Binnenform. Deshalb ist das Verhältnis zwischen Werkstoff und Form im geschmacklichen Sinne vorwiegend ein Verhältnis zwischen Außenform und Binnenform. Beide Faktoren miteinander in Einklang zu bringen, kann fraglos als das für die Intarsiengestaltung entscheidende Problem angesehen werden.
Inwiefern ein genereller Zusammenhang zwischen den äußeren Konturen und der inneren Beschaffenheit einer Fläche besteht, zeigen die Bilder 63–66.
Bei der Fläche in Bild 63 ist eine Übereinstimmung zwischen der Außenform und dem Verlauf der Linienstruktur nicht gegeben.

Wie sehr dieser mangelnde Zusammenklang der Wirkung schadet, beweist das Bild 64. Hier wird die rechtwinklige Form der Fläche durch den Linienverlauf unterstützt. Das Bild der Fläche gewinnt an Klarheit. Dabei ist die spezifische Wirkung des Quadrates allerdings noch nicht erfaßt; denn eine quadratische Fläche ist in sich ruhend, sie hat keine Richtungstendenz. Eine optimale Übereinstimmung zwischen der spezifischen Flächenwirkung und der Strukturierung zeigen die Bilder 65 und 66. Was hier am Beispiel des Quadrates offenkundig wird, gilt in gleicher Weise für alle gleichseitigen Vielecke (Fünfeck, Sechseck usw.)
Ein noch höheres Maß an Abstimmung der Flächenstruktur auf die Außenform erfordert die Figur des Kreises. Der richtungsgebundene Linienverlauf fügt sich natürlich am wenigsten in die Kreisform ein (Bild 67). Aber auch das Strukturbild des überkreuzten Linienverlaufs bringt in dieser Hinsicht noch keine

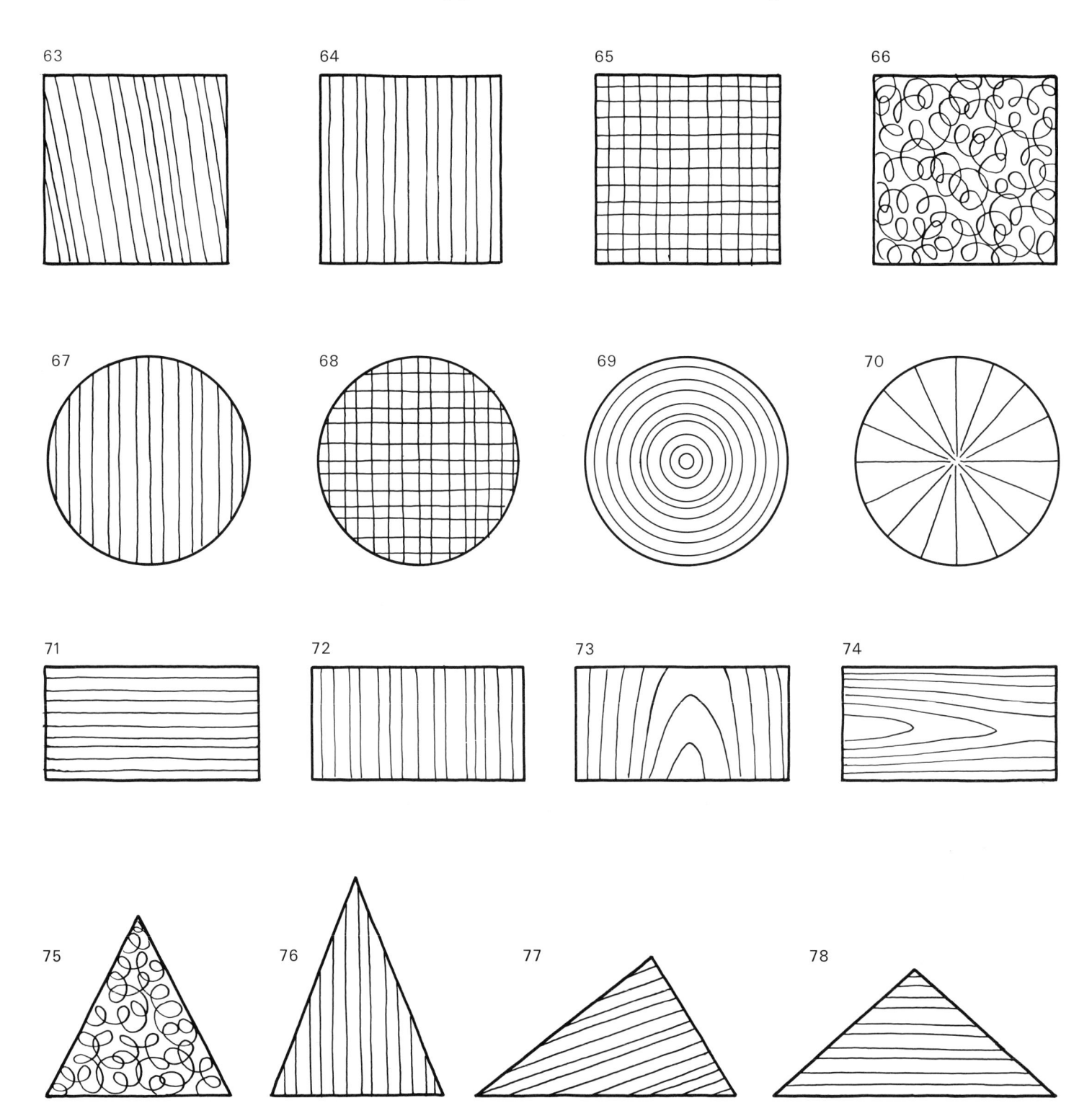

zufriedenstellende Lösung (Bild 68). Die Kreisform schließt, wenn man von der reinen Flächenwirkung absieht, bekanntlich zwei Tendenzen in sich ein, eine sammelnde sowie eine strahlende. Die Klärung beider Tendenzen durch die Art der Flächenstruktur schafft einen optimalen Einklang zwischen Außenform und Binnenform (Bild 69 und 70). Die Natur liefert für diese Erscheinungsformen eine Fülle von Beispielen.
Der am Beispiel des Quadrates und des Kreises sichtbar gewordene grundsätzliche Zusammenhang zwischen Außenform und Binnenform ist für die Intarsiengestaltung wegweisend. Das gilt sowohl für die Festlegung der Einzelflächen als auch für den Aufbau der Gesamtfläche.

Welche Konsequenzen lassen sich nun daraus für die Gestalt der unabhängigen, an keinen übergeordneten Zusammenhang gebundenen Einzelfläche ableiten? Bei den geometrischen Grundformen ist der gewünschte Einklang zwischen den beiden Komponenten verhältnismäßig leicht herzustellen. Wenn das Holz naturgemäß auch keine Struktur in der Art einer überkreuzten Linienschraffur aufzuweisen hat, so verfügt es doch über hinreichende Maserungsbilder, die dieser Grundtendenz entsprechen. Deshalb lassen sich die bisher mit rein grafischen Mitteln erzeugten Gliederungsformen an den gleichen Figuren in sinngemäßer Weise mit den materialbedingten Strukturbildern des Holzes bestimmen.
Ebenso wie das Quadrat kraft seiner spezifischen Formqualität einer einseitigen Richtungstendenz der Binnenform widerstrebt, scheint die Form des Rechteckes danach zu verlangen.
In Bild 71 erhält die Formqualität des Rechtecks durch das mitlaufende schlichte Holzbild eine unverkennbare Steigerung, während die querverlaufende Struktur dieser Wirkung entgegensteht (Bild 72). Verstärkt wird dieser negative Einfluß, wenn man für die Gestaltung der Fläche das charakteristische Holzbild der Flader heranzieht (Bild 73 und 74).
Die Figur des Dreiecks nimmt in diesem Zusammenhang eine Sonderstellung ein. Das ist auf ihre äußerst variable Formqualität zurückzuführen. Das gleichseitige Dreieck rückt, dank des Gleichgewichts seiner drei Richtungskomponenten, hinsichtlich des Flächencharakters in die Nähe des Quadrates (Bild 75). Ein gleichschenklig-spitzwinkliges Dreieck wird in seiner Richtungstendenz begünstigt durch einen Faserverlauf in achsialer Richtung (Bild 76). Das gilt auch für die Form eines ungleichseitigen Dreiecks (Bild 77). Der lastenden und ruhenden Formqualität eines gleichschenklig-stumpfwinkligen Dreiecks kommt eine parallel zur Grundlinie verlaufende Faserrichtung entgegen (Bild 78).
Der Einklang zwischen Außenform und Binnenform ist selbstverständlich nicht nur bei der Verwendung geometrischer Figuren von Bedeutung, auch bei der Wahl freier Formen beeinflußt er die spezifische Wirkung der Intarsie maßgeblich. Die nachfolgenden Beispiele machen das an einigen grundsätzlichen Möglichkeiten deutlich. Die Flächenform der Bilder 79 und 80 kann im strengen Sinne zwar nicht mehr als geometrische Form bezeichnet werden, sie trägt aber die charakteristischen Merkmale des Rechtecks. Entscheidend für die Bestimmung des Strukturverlaufs ist die eindeutige Richtungstendenz (Bild 80).
Bei den Bildern 81 und 82 handelt es sich um eine verhältnismäßig schlichte Form in freier Gestaltung. Trotz der unverkennbaren Richtungstendenz ist die Form in sich geschlossen. In ihr vereinen sich gewissermaßen die Formqualitäten des Rechtecks mit der sammelnden Wirkung der Kreisform. Auch hier läßt sich ohne große Schwierigkeiten eine weitgehende Übereinstimmung des Maserungsbildes mit der Außenform erzielen (Bild 82).
Die bizarre Form von Bild 83 gestattet trotz ihrer eindeutigen Richtungsverhältnisse keinesfalls die Verwendung einer exakt-

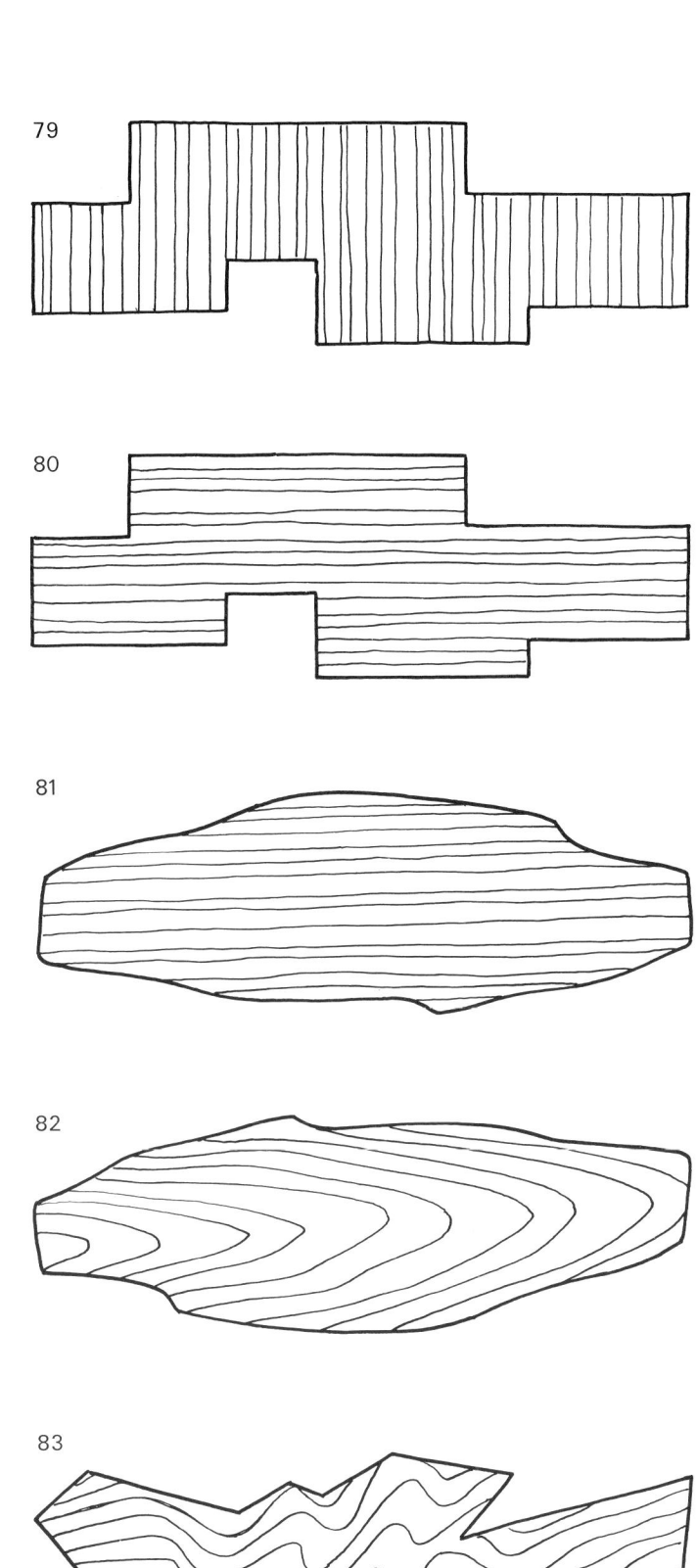

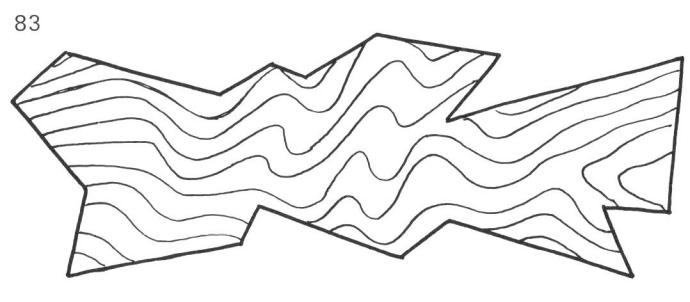

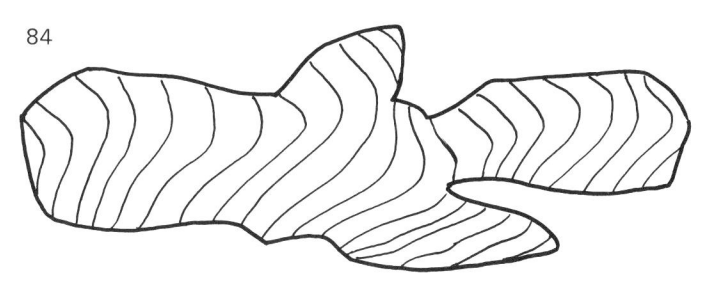

geradlinigen Innengliederung. Man hat den Eindruck, daß die Fläche sich im Zustand der Auflösung bzw. der Zerstörung befindet. Hier erscheint eine Strukturierung als angemessen, die durch ihre Unregelmäßigkeit in die Wirkung der zerklüfteten Außenform einstimmt.

Die weichen, fast fließenden Formen der in Bild 84 dargestellten Figur tragen nahezu organischen Charakter. Die strukturelle Einstimmung der Innengliederung bereitet hier größere Schwierigkeiten und erfordert bei der Festlegung der Maserung wiederholtes Probieren. Am wenigsten fügt sich ein geradliniger Strukturverlauf in diese Form ein. Selbst eine mit der Form laufende unregelmäßige Struktur bringt nur selten den gewünschten Einklang. Die besten Aussichten für eine optimale Einstimmung bietet die Wahl einer quer zur Flächenausdehnung verlaufenden unruhigen Maserung, wie sie in Bild 84 dargestellt ist.

Die bisherigen Beispiele gehen aus von einer entwurfsmäßig bestimmten Form, in die zur Erzielung des gewünschten Einklanges die Materialbeschaffenheit hinsichtlich ihrer Art und ihres Verlaufs einzuordnen war. Diese einseitige Unterordnung der Materialqualitäten unter eine gegebene Form ist in der Intarsiengestaltung das vorherrschende Arbeitsprinzip.

Man kann jedoch auch den umgekehrten Weg einschlagen und bei Verzicht auf einen bestimmten Entwurf die Maserungsbilder zum Ausgangspunkt der formalen Gestaltung machen. Wie die Bildgruppen 166–170 und 206–210 beweisen, ist die Anwendung dieses Verfahrens sowohl im ornamentalen Bereich als auch mit gewissen Einschränkungen in der bildhaft-gegenständlichen Gestaltung möglich.

Was bei den abstrakten Formen geometrischer Figuren und frei gestalteter Flächengebilde hinsichtlich ihres Einklangs mit der Innengliederung durchaus überzeugend ist, kann im Falle der bildnerischen Anwendung jedoch zu scheinbaren Widersprüchen führen. Am Beispiel eines gegliederten Fünfecks läßt sich das recht gut und in einfacher Weise veranschaulichen.

Bild 85 zeigt den Entwurf der Grundfigur mit der vorgesehenen Gliederung. Bei genauer Betrachtung läßt sich feststellen, daß hier sämtliche Dreiecksformen der Bilder 75–78 wiederkehren. Verfährt man bei der Festlegung der Flächenstruktur in der gleichen Weise wie bei den genannten Einzeldreiecken, so ergibt sich ein zusammenhangloses Nebeneinander der fünf Teilflächen (Bild 86). Um aus den Einzelflächen aber ein einheitliches Gebilde entstehen zu lassen, muß die Einzelstrukturierung von der Gesamtform her bestimmt werden. Dabei bieten sich die in den Bildern 87 und 88 dargestellten Möglichkeiten von selbst an. In ihrer Wirkung weichen beide Figuren grundsätzlich voneinander ab. Läuft die Faserrichtung bei allen fünf Dreiecken parallel zur Grundlinie, dann kommt ein körperhaft wirkendes Gebilde in der Form einer ungleichseitigen Pyramide zustande.

Verläuft die Struktur aber jeweils etwa rechtwinklig zur Grundlinie (Winkelhalbierende), so ergibt sich ein flächenhaftes Gebilde mit mehr organischem Charakter. In beiden Fällen verliert das Dreieck als Gliederungselement seine Selbständigkeit, und damit ändern sich auch die Bedingungen für seine Binnenform. Die Erklärung für den grundlegenden Wandel, den der unterschiedliche Strukturverlauf im Hinblick auf die äußere Wirkung verursacht, ist darin zu suchen, daß in die Form des Fünfecks die Figur des Kreises mit ihrer zweifachen Richtungstendenz hineinspielt. Diese Beispielreihe beweist, daß Struktur und Maserung des Holzes für die Intarsiengestaltung nicht lediglich als belebende Begleiterscheinungen anzusehen sind, sondern daß sie die bildnerische Absicht in ganz entscheidender Weise beeinflussen können. Ob sich die Binnenform dabei an der Einzelfläche oder an dem Gestaltungszusammenhang zu orientieren hat, das muß jeweils am konkreten Fall bestimmt werden.

Will man für diesen Sachzusammenhang Faustregeln aufstellen, so kann das nur angesichts der Unterscheidung zwischen ornamentaler und bildhafter Flächengestaltung geschehen. Die gegenständliche wie auch die ungegenständliche Darstellungsweise erfordern im allgemeinen eine stärkere Bindung der Materialqualitäten an den übergeordneten Bildzusammenhang.

Im ornamentalen Bereich hingegen wird der Strukturverlauf zum Teil durch die Wahl der Arbeitsmethode bestimmt. Während beispielsweise beim Doppelblattverfahren die Grundrichtungen von vornherein festliegen, kann bei den übrigen manuellen Verfahren die Maserung durchweg von Feld zu Feld mit der jeweiligen Flächenform in Einklang gebracht werden (siehe Bilder 175–181).

Verwendet man für die Gestaltung einer Intarsie nur eine einzige Holzart mit gleichem Farbton, dann ist die Übereinstimmung zwischen Flächenform und Strukturrichtung meistens von untergeordneter Bedeutung, weil der Maserungsverlauf zum eigentlichen Träger der bildnerischen Wirkung wird. In diesem Falle empfiehlt es sich, geradlinige Strukturen auf wenige Richtungslagen zu beschränken, damit ein klares rhythmisches Wechselspiel zustande kommt (siehe Bild 197).

Abschließend kann man sagen, daß der hier erörterte Einklang zwischen den äußeren und inneren Formqualitäten, mag er sich auf die Einzelfläche oder einen Flächenkomplex beziehen, im Grunde immer auf das gleiche Ziel gerichtet ist, nämlich einen bildnerischen Sinnzusammenhang mit den spezifischen Qualitäten des Werkstoffs in optimaler Weise zur Wirkung zu bringen.

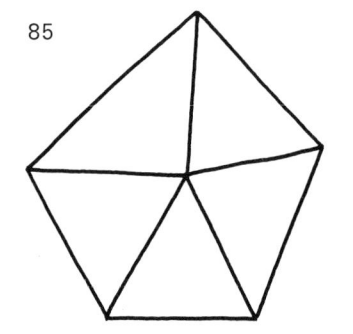

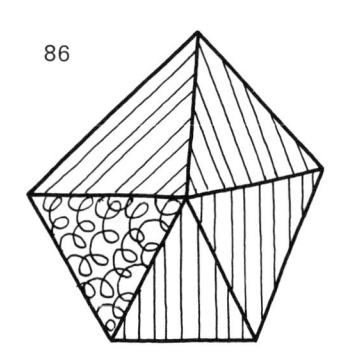

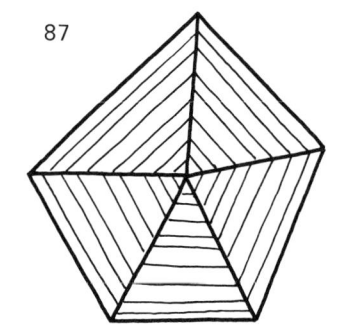

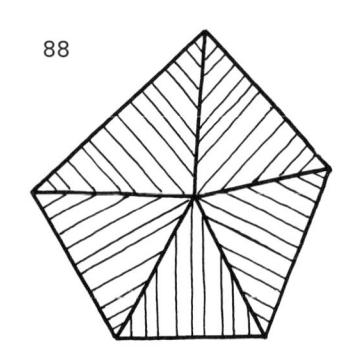

85

86

87

88

4.2.3 Einklang zwischen Werkstoff und Farbe

Durch Bindung an den Werkstoff ist das Erscheinungsbild der Farben im Sinne des jeweiligen Materialcharakters beeinflußt. So unterscheiden sich beispielsweise Metallfarben, Gesteinsfarben und Holzfarben eindeutig voneinander. Die generelle Eigenwirkung der Farben wird dadurch jedoch nicht verändert. Das Rot des Kupfers strahlt ebenso wie das Rot des Mahagoniholzes eine warme und intensive Wirkung aus. Deshalb muß man zunächst mit den Wirkungen der Farben an sich vertraut sein.

Die nachfolgenden Leitsätze für die farbliche Gestaltung befassen sich mit den besonderen Farbwirkungen des Holzes.

a) Bei der Festlegung der Farbabstufungen ist eine Beschränkung auf drei oder vier Farben zu empfehlen. Dabei kann man die gewünschten Farbtöne erhalten, indem man entweder verschiedene Holzarten verarbeitet oder eine Holzart mit entsprechenden Farbabstufungen wählt. Grundsätzlich läßt sich sagen, daß die Wirkung einer Intarsie nicht unbedingt positiv beeinflußt wird durch die Verwendung möglichst vieler Farben. In diesem Falle kommt nämlich durch die Buntheit eine Wirkung mit stark malerischer Tendenz auf. Je geringer hingegen die Anzahl der Farben ist, um so stärker tritt die spezifische Wirkung des Materials in den Vordergrund.

b) Eine besondere Eigenart des Holzes liegt darin, daß unterschiedliche Farbtöne mit annähernd gleicher Leuchtkraft sich nicht so eindeutig voneinander abheben, wie das bei abstrakten Farben der Fall ist. Deshalb ist man durchweg gezwungen, Farbunterschiede durch den Hell-Dunkel-Kontrast zu stützen. Das führt jedoch leicht dazu, diesen Kontrast zu überspitzen. Als extremes Beispiel dafür ist die beliebte Verbindung zwischen Ebenholz oder dunklem Nußbaumholz einerseits und dem fast weißen Ahornholz andererseits zu nennen. Durch diesen übermäßig starken Hell-Dunkel-Kontrast kann der Materialcharakter fast bis zur Unkenntlichkeit abgebaut werden. Das Ergebnis ist dann eine bildnerische Wirkung im Sinne der Grafik. Aus diesem Grunde sollte der Hell-Dunkel-Kontrast bei der Intarsiengestaltung nur in gemäßigter Form zur Anwendung kommen.

c) Hin und wieder kann sich aus dem Gestaltungszusammenhang heraus die Notwendigkeit ergeben, daß Flächen mit verhältnismäßig geringem Farbunterschied unmittelbar nebeneinander liegen müssen. Um in solchen Fällen der Gefahr einer optischen Flächenverschmelzung zu entgehen, müssen jeweils die Flächenpartien mit dem stärkeren Kontrast aneinandergefügt werden. Oftmals läßt sich eine klare Abgrenzung schon erreichen, indem man die hellere bzw. dunklere Zone eines Jahresringes in entsprechender Weise nutzt.

d) Werden Intarsien in Form einer Einlegearbeit gestaltet, dann spielt das Verhältnis zwischen Grundfurnier und Einlegemotiv eine entscheidende Rolle. Der Bildgrund kann heller oder auch dunkler sein als die Einlagen, die farblichen Beziehungen müssen jedoch deutlich in Erscheinung treten. Starke Kontrastwirkungen sollten auch hier vermieden werden. Auf keinen Fall darf das Grundfurnier von stärkerer Leuchtkraft sein als die Einlagen in der Gesamtheit, da sonst das Bildmotiv völlig in den Hintergrund rückt.

e) Unangenehme Überraschungen hinsichtlich der Abgrenzung der Einzelflächen können zuweilen durch die Glanzwirkung des Holzes entstehen. Gemeint sind damit nicht die eindeutigen Glanzbilder, die für bestimmte Holzarten charakteristisch sind, sondern jene Glanzwirkungen, die, bedingt durch den Schnittverlauf, bei allen Holzarten auftreten können. Solcher Glanz macht sich meistens nur durch eine Farbaufhellung des Holzes bemerkbar. Die Gefahr besteht nun darin, daß derartige Wirkungen vom Lichteinfall bzw. von der Lage des Furniers abhängig sind. Furnierstücke, die sich bei der Arbeit noch deutlich vom Nachbarfeld abheben, können später, aus einem anderen Winkel betrachtet, ihren farblichen und damit verbunden ihren flächenmäßigen Eigenwert verlieren. Natürlich können auf diese Weise auch reizvolle Überraschungseffekte auftreten. Wo aber solche ungewissen Zufallsergebnisse nicht erwünscht sind, ist eine sorgfältige Erprobung der Wirkung bei der Anfertigung der Intarsie zu empfehlen.

f) Wie andere Werkstoffe unterliegt auch das Holz einem Alterungsprozeß. Im Laufe der Zeit verlieren viele Hölzer dadurch ihre Leuchtkraft. Sowohl die Schnelligkeit, mit der sich diese Veränderung vollzieht, als auch ihr Wirkungsgrad sind bei den einzelnen Holzarten recht unterschiedlich. Durch starke Lichteinwirkung kann dieser Vorgang zum Teil erheblich beschleunigt werden. Generell bleichen dunkle Hölzer im Verlauf dieses Prozesses aus, während helle hingegen vergilben. Mit dem Nachlassen der Leuchtkraft ist zuweilen auch eine Veränderung des Farbtones verbunden. Manche Hölzer können dadurch sogar ihre farblichen Erkennungsmerkmale verlieren. Der Alterungsprozeß kann durch einen schützenden Lacküberzug zwar nicht unterbunden, zumindest aber eingedämmt werden. Über die geschmackliche Bedeutung der altersbedingten Veränderungen kann man geteilter Meinung sein. Einmal läßt sich sagen, daß durch die farbliche Schwächung die Klarheit des bildnerischen Aufbaus und die ursprüngliche Frische der Intarsie verlorengehen. Zum anderen kann man die Auffassung vertreten, daß die mit dem Alterungsprozeß verbundene Milderung gegensätzlicher Wirkungen die Intarsienfläche gewissermaßen zu einem Höchstmaß an innerer Einheit zusammenwachsen läßt.

g) Eine ganz besonders zu beachtende Eigenart des trockenen Holzes besteht darin, daß sich sein Farbton in dem Augenblick verändert, in dem ein schützender Lacküberzug aufgetragen wird. Dabei gewinnt die Farbe grundsätzlich an Leuchtkraft. Allerdings geschieht das in unterschiedlichem Umfang. Sehr helle Hölzer werden nur geringfügig beeinflußt, andere hingegen steigern ihre Farbintensität in sehr hohem Maße. Das trifft besonders für tropische Hölzer zu wie zum Beispiel Palisander und Ebenholz. Die damit verbundenen Schwierigkeiten bei der Farbabstimmung erfahren jedoch insofern noch eine äußerst unangenehme Steigerung, als von derartigen Veränderungen nicht nur die Leuchtkraft, sondern auch der Farbton selbst betroffen werden kann. Dadurch ist es einerseits möglich, daß Furniere, deren Farbton im trockenen Zustand nahezu gleich ist, nach der Behandlung stark voneinander abweichen; andererseits kann aber auch bei vorher unterschiedlicher Farbwirkung nachher eine Angleichung stattfinden. Da man solche Veränderungen in ihrem Wirkungsgrad nicht voraussehen kann, gibt es zur Absicherung nur ein Mittel: Im Zuge der praktischen Arbeit muß die Farbabstimmung bei den fraglichen Stücken hin und wieder durch behutsames Anfeuchten mit Wasser überprüft werden.

h) Die Frage nach der Art der Oberflächenbehandlung zielt letztlich immer auf die Kontrastwirkungen glänzend–matt und porendicht–porenoffen. Mit einem hochglänzenden, porendichten Überzug entfaltet das Furnier bekanntlich seine volle Leuchtkraft. Durch die zwangsläufig auftretenden Spiegelungseffekte wird die Materialwirkung jedoch sehr stark überspielt. Deshalb eignen sich für Intarsien grundsätzlich solche Überzugsmittel am besten, bei denen sowohl die farbliche als auch die plastische Materialwirkung in angemessener Weise zur Geltung kommt.

89

90

91

Bild 89 Flächenzusammensetzung zweifarbig
(Prinzip: Linienüberkreuzung).
Bild 90 Flächenzusammensetzung dreifarbig
(Prinzip: freie Flächenreihung).
Bild 91 Flächenzusammensetzung vierfarbig
(Prinzip: strukturgebundene Flächengestaltung –
Maserfurniere).

92

93

94

Bild 92 Flächeneinlage zweifarbig auf hellem Grund (gestanzt).
Bild 93 Flächeneinlage einfarbig auf dunklem Grund (Auflegeverfahren).
Bild 94 Flächeneinlage vierfarbig auf hellem Grund (Unterlegeverfahren).

4.3 Gestaltungsmöglichkeiten

4.3.1 Entwurfsmethoden für das geometrische Flächenornament

Geometrische Flächenformen eignen sich für die Intarsiengestaltung besonders gut. Durch die Klarheit und Einfachheit ihrer Abgrenzungen erleichtern sie nicht nur den manuellen Arbeitsgang, sondern gestatten auch die Anwendung maschineller Herstellungsverfahren. Deshalb bietet das geometrische Flächenornament der Intarsie ein günstiges Wirkungsfeld. Geometrische Flächengliederungen lassen sich auf verschiedenen Wegen erarbeiten.

4.3.1.1 Flächengliederung mit Rastersystem

Eine bewährte Methode, zu einer geometrischen Flächengliederung zu gelangen, besteht darin, daß man die vorgegebene Fläche zunächst mit einem quadratisch oder rechteckig gerasterten Gitternetz überzieht. Eine Differenzierung dieser Gliederung wird durch weitere Unterteilung mit Hilfe der Senkrechten, der Waagerechten und der Diagonalen erreicht. Auch der Kreis läßt sich in dieses System einbeziehen. Einen Hinweis auf die Handhabung dieses Verfahrens geben die Bilder 95–103.

4.3.1.2 Synthetische Flächengliederung

Während die Flächengestaltung mit Hilfe des Rastersystems eine vorgegebene Gesamtfläche durch fortlaufende Unterteilung aufgliedert, geht die synthetische Methode den umgekehrten Weg. Das Flächenornament wird durch Aneinanderreihung bestimmter Gliederungselemente systematisch aufgebaut. Entscheidend für die Anwendung dieses Verfahrens ist, daß das gewählte Gliederungsmotiv eine quadratische Form hat beziehungsweise sich zu einem Quadrat ergänzen läßt. In seiner Größe muß ein solches Gliederungselement natürlich auf die Abmessungen der Gesamtfläche abgestimmt sein. Mit dieser Einzelform kann das Flächenornament nach den Regeln der Reihung, des Versatzes, der Drehung und der Spiegelung gesetzmäßig aufgebaut oder auch frei gestaltet werden.

Die beiden nachfolgenden Beispielgruppen sollen die grundsätzlichen Möglichkeiten dieses Verfahrens zeigen.

a) Als Gliederungselement wird ein Quadrat zugrunde gelegt, das durch eine Senkrechte in zwei gleiche Rechtecke unterteilt ist. Dieses Gliederungsmotiv kann im Sinne des Uhrzeigers dreimal um seine Achse gedreht werden (90°, 180°, 270°). Dabei entstehen vier Grundpositionen (Bilder 104–107). Nun lassen sich jeweils zwei Grundpositionen zu einer Einheit zusammenfassen (Bild 108). Dieses erweiterte Gliederungselement kann man in waagerechter Folge zu einer beliebig langen Zeile aneinanderreihen. Solche Zeilen lassen sich nun gleichmäßig zu einer Fläche zusammenfügen (Bild 109). Weitere Gliederungssysteme kommen zustande, wenn die Zeilen jeweils nach links oder rechts gleichbleibend oder im Wechsel verschoben werden. Dadurch entsteht ein sogenannter Versatz. Die Bilder 110–112 zeigen einige Beispiele dafür. Im ersten Fall sind die Zeilen gleichbleibend um die Hälfte des ursprünglichen Gliederungselementes nach rechts versetzt. Danach folgt eine Flächengliederung mit vollem Versatz, und zuletzt wurde ein eineinhalbfacher Versatz vorgenommen.

32

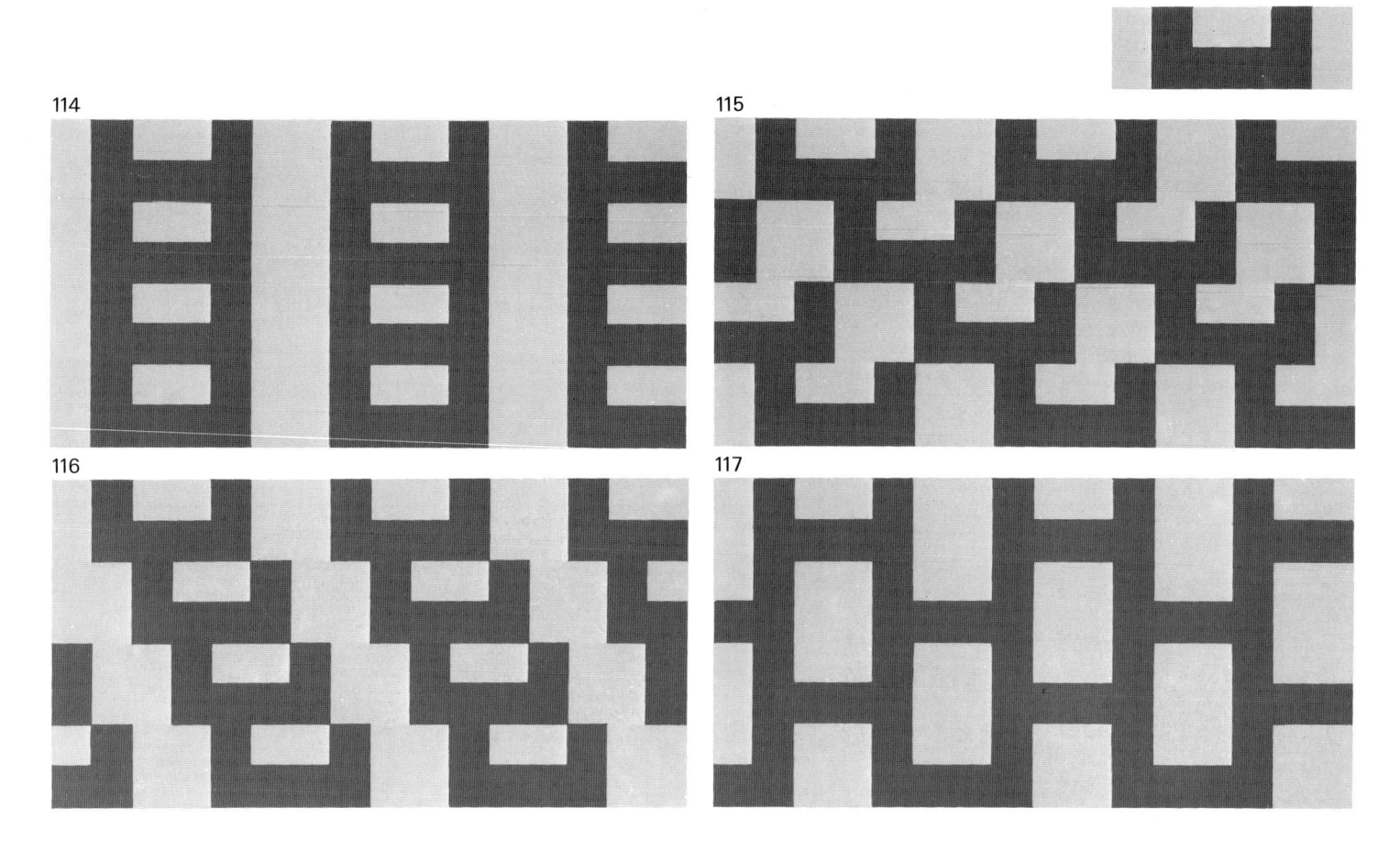

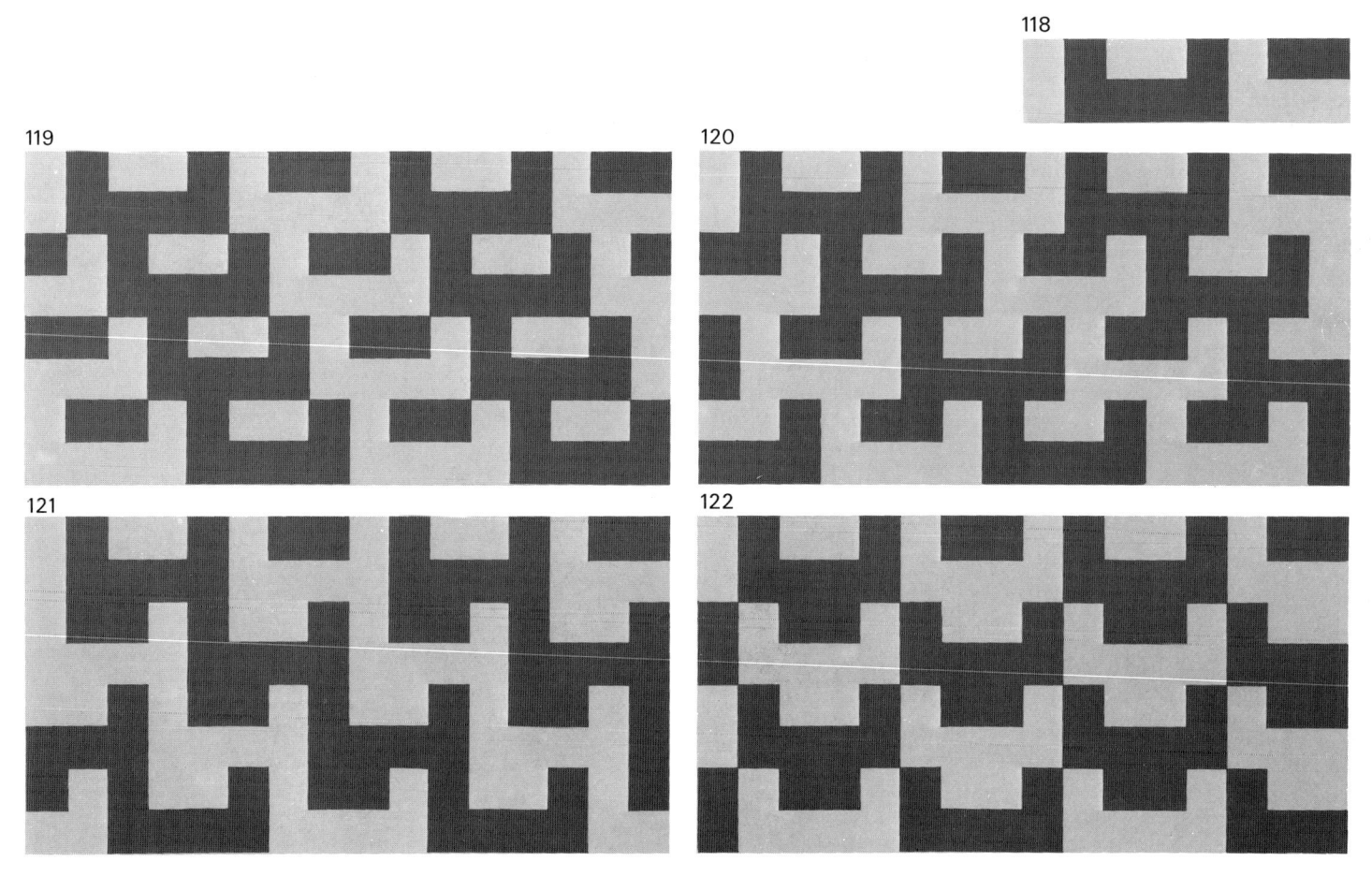

In den beiden Bildgruppen auf Seite 32 sind zunächst die ersten drei und anschließend alle vier Grundpositionen zu einer Einheit zusammengefaßt (Bild 113 und 118). Den daraus entwickelten Flächengliederungen liegen in einem Fall die Zeilenreihung (Bild 114), in den übrigen Beispielen der fortlaufende Versatz zugrunde.

Eine nachhaltige Steigerung der Gliederungsmöglichkeiten läßt sich erzielen, indem man aus zwei Grundpositionen durch Drehung und Spiegelung neue Gliederungselemente schafft.
Die Abbildungen auf Seite 33 führen das am Beispiel der aus den beiden ersten Grundpositionen gebildeten Einheit (Bild 108) vor Augen. Die Rechteckform ist erstens durch Drehung um 180° dann durch Spiegelung und schließlich durch Drehung des Spiegelbildes zu einem Quadrat ergänzt worden (Bilder 123 bis 125).

Die so entstandenen neuen Gliederungsmotive lassen sich nun in der gleichen Weise variieren wie die Ausgangsposition in Bild 104. Die hier dargestellten Flächengliederungen beschränken sich jedoch wiederum auf die Zeilenreihung sowie auf den fortlaufenden Versatz der drei ermittelten Gliederungsmotive (Bilder 126 bis 134).

Neben dem gesetzmäßigen Aufbau geometrischer Flächenornamente unter Anwendung der bisher veranschaulichten Regeln lassen sich synthetische Flächengliederungen auch auf völlig freiem Wege erzielen. So wurden für das nachfolgende Beispiel die vier Grundpositionen des bisher verwendeten Gliederungsmotivs mit den Nummern 1 bis 4 versehen. Mit einem Würfel wurde dann unter Auslassung der Seiten 5 und 6 Wurf um Wurf bestimmt, in welcher Reihenfolge die entsprechend numerierten Gliederungselemente in ein fixiertes Raster einzufügen waren. Der Flächenaufbau vollzog sich dabei zeilenweise von links nach rechts. Das auf diese Weise zustande gekommene Flächenornament trägt naturgemäß einen völlig anderen Charakter als die herkömmlichen geometrischen Ornamente.
Flächengliederungen dieser Art lassen sich selbstverständlich auch allein aus der Intuition heraus gestalten. Dabei kann man den Flächenaufbau schon mit zwei unterschiedlichen Grundpositionen betreiben und trotzdem zu einer unüberschaubaren Vielfalt an Gliederungsmöglichkeiten gelangen.

b) Das zweite Beispiel für die synthetische Flächengliederung geht von einem Rechteck mit den Proportionen eines halbierten Quadrates aus. Durch einfache Diagonalteilung ist diese Rechteckfläche in zwei rechtwinklige Dreiecke gegliedert (Bild 136). Um das für den Flächenaufbau benötigte quadratische Gliederungselement zu erhalten, wurde das Rechteck durch Reihung, Drehung um 180°, Spiegelung und durch Drehung des Spiegelbildes zu je einem Quadrat eigener Prägung ergänzt (Bilder 137 bis 140).
Diese vier unterschiedlichen Gliederungsmotive lassen sich ihrerseits wiederum durch dreimalige Drehung auf insgesamt

135

16 Grundpositionen bringen. Mit ihnen kann dann der ganze Kanon der im ersten Beispiel angesprochenen Gesetzmäßigkeiten durchgespielt werden.
Im vorliegenden Falle wird jedoch nur auf die quadratische Ausgangsposition zurückgegriffen (Bild 137). Die Flächengliederung von Bild 141 zeigt in horizontaler wie in vertikaler Richtung eine einfache Reihung. Dem Zeilenaufbau des nächsten Beispieles liegt ein fortwährender Wechsel zwischen der Ausgangsposition und deren um 180° gedrehte Form zugrunde (Bild 142). Die Zeilenordnung von Bild 143 bringt die Ausgangsposition in ein Wechselspiel mit ihrem Spiegelbild, und in Bild 144 kommt es zu einem Wechsel mit dem gedrehten Spiegelbild. Wie in Bild 141 vollzieht sich auch in den drei anderen Beispielen der vertikale Flächenaufbau als einfache Zeilenreihung.

Eine Auflockerung des Flächenbildes läßt sich dadurch erzielen, daß man die Anzahl der einzusetzenden Positionen erhöht. Bei den nachfolgenden Beispielen sind jeweils die vier Grundpositionen der in den Bildern 137–140 dargestellten Motive aneinandergereiht und die Zeilen abwechselnd versetzt worden. Obwohl der Flächenaufbau auf einer einzigen Grundform, dem Dreieck, basiert, kommt es hier zu grundverschiedenen Gliederungsformen. Eine noch stärkere Differenzierung wird durch Verbindung unterschiedlicher Gliederungsmotive bewirkt (Bilder 145–148).

Die freie Gestaltung der Fläche ist hier wiederum mit Hilfe des Würfels vorgenommen worden. Die vier Gliederungsmotive der Bilder 137–140 wurden zuvor um zwei Positionen ergänzt, die durch Drehung des ersten Motivs um 90° und 270° ermittelt

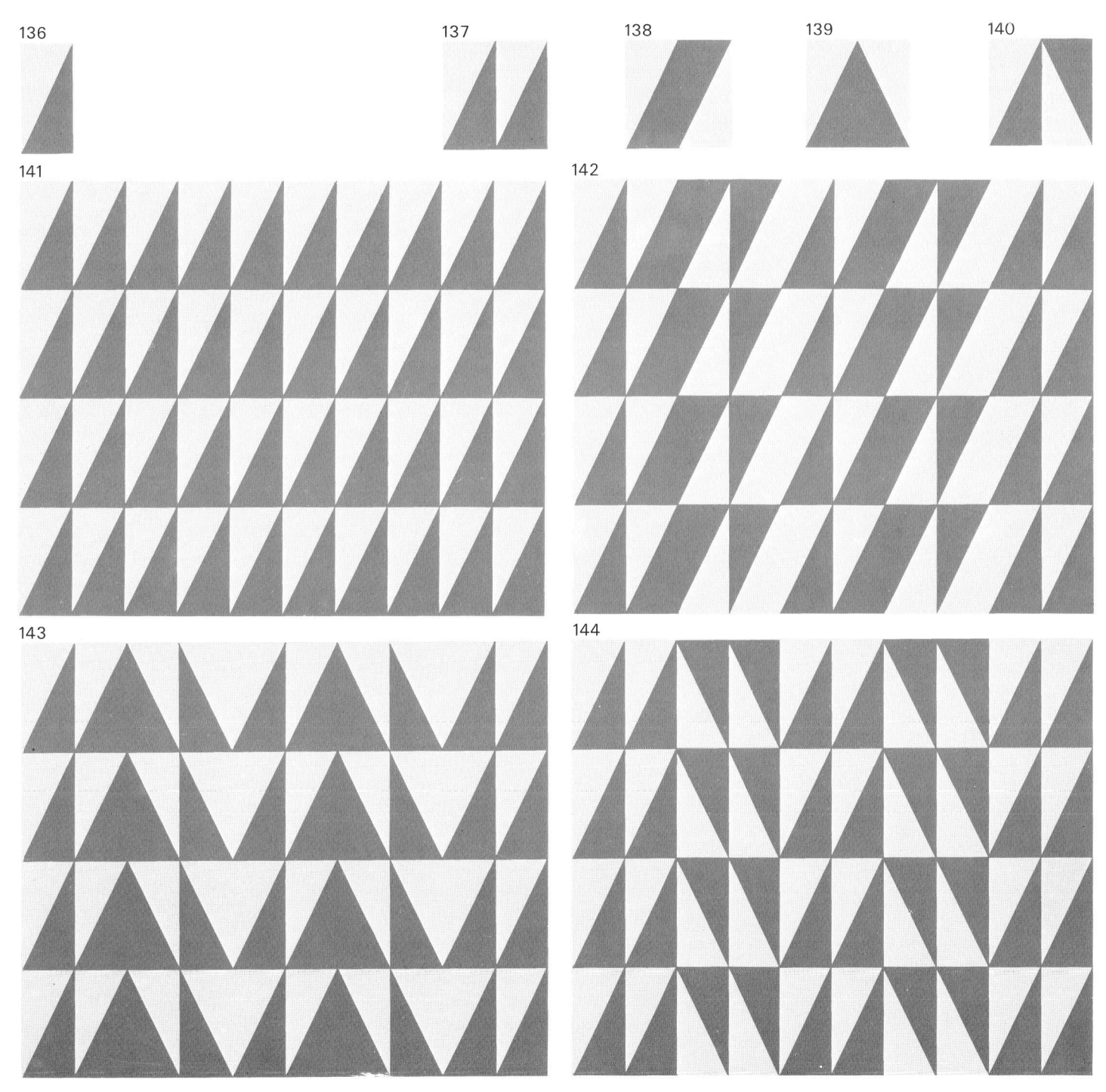

145

146

147

148

worden waren. Durch das Hineinspielen dieser beiden waagerechten Richtungstendenzen sollte ein Gegengewicht zur Grundrichtung der vier Ausgangsmotive geschaffen und damit eine Bereicherung der Flächengliederung erzielt werden.
Beim Auswürfeln der Gliederungsmotive wurden bei Häufung einseitiger Ergebnisse natürlich gezielte Korrekturen vorgenommen (Bild 149).
Die Anwendung der synthetischen Methode führt in der Intarsiengestaltung zu einer charakteristischen Gliederungsstruktur.

Während die bei diesem Verfahren neu entstehenden Flächengebilde sich mit grafischen Mitteln nahtlos zusammenfügen lassen, treten bei der Intarsie zwischen sämtlichen Einzelfeldern notwendigerweise sichtbare Fugen auf. Diese fallen besonders dort ins Auge, wo die Furnierflächen nicht parallel zur Faserrichtung aneinandergefügt sind.
In die rein grafische Form der Flächengliederung zeichnet somit der technische Aufbau seine wesenseigenen Spuren (siehe Bilder 313–315).

149

4.3.1.3 Materialgebundene Flächengliederung

Dieses Verfahren zielt darauf ab, sichtbare Fugen in einem zusammenhängenden Flächenkomplex gleicher Holzart zu vermeiden. Dabei leisten die durch einfache Quadratteilung entstehenden Flächen gute Dienste (Bilder 150–152). Sie lassen sich zu zahlreichen neuen Flächengebilden zusammenfügen, die wegen der parallel zur Fuge verlaufenden Maserung als nahtlos erscheinen (Bilder 153–156).

Die Bilder 157–159 zeigen Beispiele für die Verwendung der einfachen Ausgangsflächen, während den Gliederungsformen der Bilder 160–165 zusammengesetzte Flächengebilde zugrunde liegen.

Je nach Art des Gliederungsaufbaues können derartige Ornamente in nur einer Holzart mit wechselndem Faserverlauf oder auch in unterschiedlichen Hölzern gestaltet werden (siehe Bild 312).

4.3.2 Versuchsreihe zur Erprobung prinzipieller Gestaltungsmöglichkeiten

		Übersicht der Abbildungen	
4.3.2.1		Ornamentale Flächengestaltung	
4.3.2.1.1		Intarsie als Flächenzusammensetzung	
	1	Die Materialstruktur als Bildelement	166–170
	2	Die Linie als Bildelement	171–180
	3	Die Fläche als Bildelement	181–190
	4	Das Zusammenspiel zwischen Linie und Fläche	191–195
	5	Der Körper als indirektes Bildelement	196–200
	6	Die Pyramide als Bildelement	201–205
4.3.2.1.2		Intarsie als Flächeneinlage	
	1	Die Materialstruktur als Bildelement	206–210
	2	Die Linie als Bildelement	211–215
	3	Die Fläche als Bildelement	216–220
	4	Der Körper als indirektes Bildelement	221–225
	5	Die Pyramide als Bildelement	226–230
4.3.2.2		Bildhafte Flächengestaltung	
4.3.2.2.1		Ungegenständliche Gestaltung	231–235
4.3.2.2.2		Übergang zur gegenständlichen Gestaltung	236–240
4.3.2.2.3		Gegenständliche Gestaltung	
	1	Fische	241–246
	2	Taubenpaar	247–249
	3	Baum	250–252
	4	Segelboote	253–255

4.3.2.1 Ornamentale Flächengestaltung

4.3.2.1.1 Intarsie als Flächenzusammensetzung

1 Die Materialstruktur als Bildelement

Furnier ist seiner Natur nach ein vorzügliches Mittel für die Gestaltung ungegenständlicher Formen. Im Gegensatz zu homogenen Werkstoffen (zum Beispiel Buntglas, Kunststoff) lassen sich abstrakte Formgebilde aus Furnier von innen her, von der Maserung und Struktur beeinflussen. Deshalb erscheinen sie als Einzelform wie im Bildzusammenhang auch dem ungeübten Auge als eindeutig motiviert.

Der Einklang zwischen Holzmaserung und jeweiliger Flächenform kann natürlich von unterschiedlicher Intensität sein. So zwingen geradlinige oder nur leicht bewegte Strukturen nicht in dem gleichen Maße zu einer bestimmten Formabgrenzung, wie das bei stark ausgeprägten Maserungsbildern der Fall ist.

Die Intarsien der Bilder 166 und 167 lassen diese Tendenz deutlich erkennen, zumal sie sich jeweils auf gleichartige Maserungsbilder verschiedener Holzarten beschränken.

Die in Bild 168 dargestellte Intarsienfläche setzt sich hingegen aus zahlreichen unterschiedlichen Struktur- und Maserungsformen verschiedenartiger Hölzer zusammen. Dadurch kommt naturgemäß ein vielfältiges und äußerst lebhaftes Formen-und Farbenspiel zustande.

Zu völlig anderen Ausdrucksformen regen Maserfurniere an. Im Gegensatz zu den bekannten Holzmaserungen lassen solche Furniere meistens keinerlei Linienstrukturen erkennen. Wegen ihrer fleckhaften Zeichnung verlangen sie weniger nach einer bestimmten Außenform als vielmehr nach charakteristischen Konturen, wie sie etwa in Bild 169 anzutreffen sind.

Eine ausgeprägt strukturbedingte Form zeigen die Einlagen von Bild 170. Die ringporige Zeichnung der geschlossenen Fladerbilder aus Eichenholz steht in einem nachhaltigen Kontrast zur kräftigen Linienstruktur des einfassenden Palisanderfurniers.

Die Problematik dieser Gestaltungsweise liegt darin, daß die Form der Einzelfelder nicht allein durch das jeweilige Maserungsbild bestimmt werden kann, sondern auch den angrenzenden Flächen angepaßt werden muß.

166

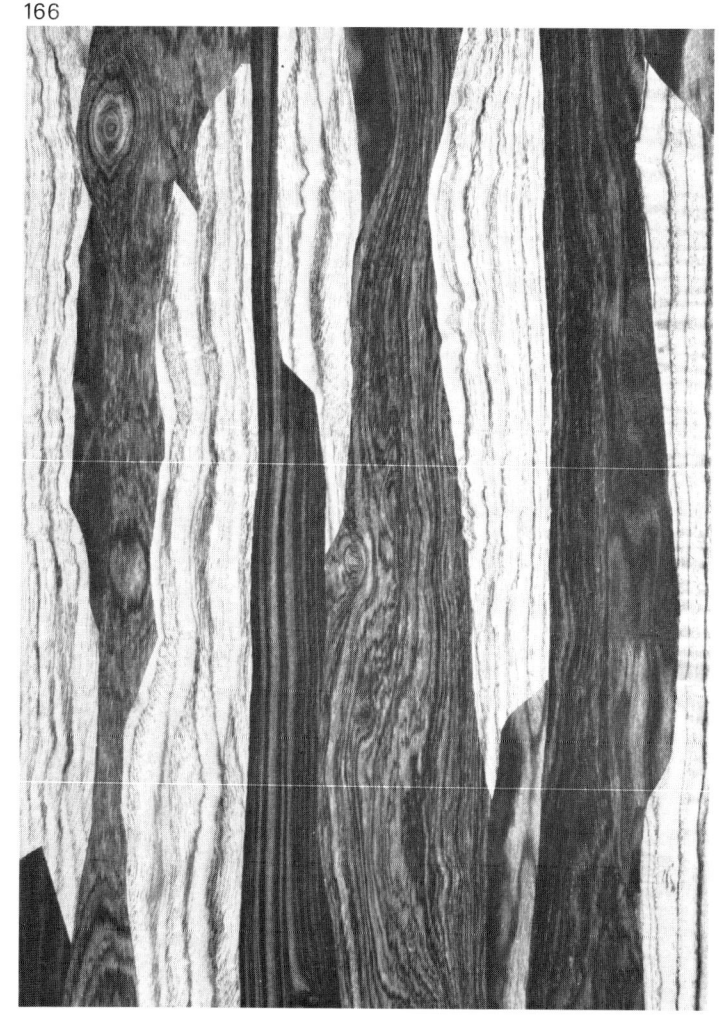

167

168

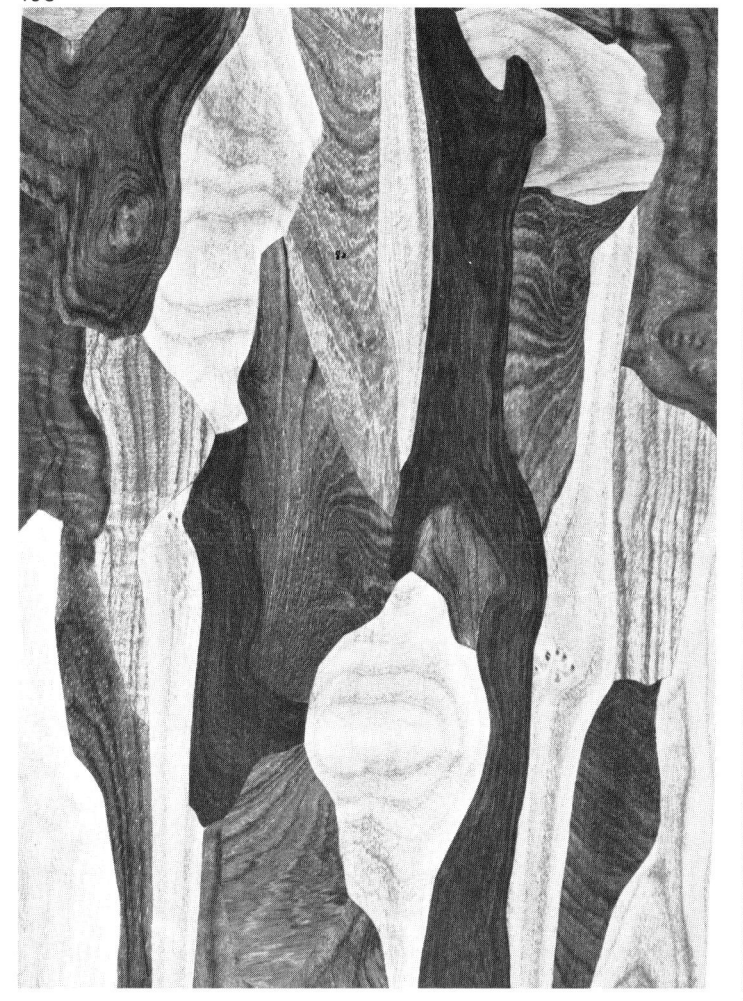

169

170

41

2 Die Linie als Bildelement

Linien treten in der Intarsiengestaltung bekanntlich als Flächenumriß in Erscheinung. Im vorliegenden Zusammenhang wird die Linie aber nicht in ihrer Begrenzungsfunktion gesehen, sondern als methodisches Prinzip der Flächenaufteilung eingesetzt. Linienüberkreuzungen zählen zu den elementaren Mitteln ornamentaler Gestaltung. Im Flächenornament legen sie die Größe, Form und Lage der Einzelfelder fest und bestimmen dadurch das rhythmische Wechselspiel.
Den Bildern 171 und 172 liegen Linienüberkreuzungen im gebundenen Rhythmus zugrunde. Der rhythmische Gleichklang verleiht der Flächengliederung in beiden Fällen eine gewisse Strenge.
Bei gleichbleibendem Linienverlauf in frei-rhythmischer Anordnung entsteht eine Vielzahl unterschiedlicher Rechteckformate. Derart gestaltete Flächen wirken natürlich, wie das Bild 173 beweist, lebendiger als rhythmisch gebundene Ordnungen.
Zu unterschiedlichen Viereckformen gelangt man durch eine leichte Neigung des Linienverlaufs beider Grundrichtungen (Bild 174).
Bei der Intarsie in Bild 175 ist die Lage der Linien soweit geneigt, daß es zu Überschneidungen gleicher Grundrichtungen kommt. Dadurch entstehen Flächen unterschiedlicher Form und Größe. Die ornamentale Wirkung geradliniger Überkreuzungen erreicht hier ihre größte Vielfalt und Lebendigkeit.
Welchen Linienverlauf man auch wählen mag, immer wird die Flächengliederung durch ein Wechselspiel geometrischer Formen bestimmt.
Solche Flächenordnungen haben einen ausgesprochen grafischen Charakter. In diese Wirkung fügt sich eine ausdrucksschwache, geradlinige Maserung am besten ein. Um so wichtiger ist es deshalb, daß für derartige Gliederungen nur Furniere mit optimaler Farbabstimmung ausgewählt werden.

171

172

173

174

175

Ein weitaus größerer Formenreichtum läßt sich erlangen, indem man den geraden Linienverlauf verläßt. So ist die Gliederung der in Bild 176 dargestellten Fläche durch wiederholtes und unregelmäßiges Abknicken der senkrechten Linienführung zustande gekommen. Die rechtwinklige Linienbrechung führt zu fortwährenden Überschneidungen und läßt dadurch stets neue Formen mit rechtwinkliger Tendenz entstehen.

In Bild 177 ist das Prinzip der Linienbrechung in der Weise weitergeführt, daß die gebrochenen Teilstücke jeweils eine Schräglage mit gleichbleibendem Neigungswinkel einnehmen. Während im vorhergehenden Beispiel der rechte Winkel formbestimmend ist, tritt hier eine vom Trapez beeinflußte Formtendenz auf.

Die Flächenordnung der Intarsie in Bild 178 wird wiederum durch rechtwinklige Formen bestimmt, die allerdings diagonal ausgerichtet sind. Dieser Gliederung liegt eine senkrecht verlaufende Zickzacklinie zugrunde, durch deren gleichbleibende 45°-Neigung rechtwinklige Überschneidungen entstehen.

Auf den nächsten Bildern sind Gliederungsformen dargestellt, die auf einem gekrümmten Linienverlauf beruhen. Die Fläche in Bild 179 zeigt Überschneidungen konvexer und konkaver Linienführungen in aufrechter Lage. Bei der Flächengliederung in Bild 180 wurden bei waagerechter Richtungstendenz nur Linien mit fallender Krümmungsform verwendet. Demgemäß ist auch der Strukturverlauf des Furniers der Grundrichtung angepaßt. Flächengliederungen, die durch geschwungene Linienführungen zustande kommen, haben naturgemäß einen weicheren Ausdruckscharakter als jene mit gebrochenem Linienverlauf. Sämtliche Intarsien dieser Gestaltungsgruppe sind nach dem Doppelblattverfahren gearbeitet. Gliederungen, die den Bildern 171–173 entsprechen, lassen sich auch auf maschinellem Weg herstellen.

176

177

178

179

180

45

3 Die Fläche als Bildelement

Durch Linienüberkreuzungen ergeben sich die jeweiligen Flächenformen auf indirektem Wege. Sie können demnach nicht mehr von Fall zu Fall bestimmt bzw. beliebig verändert werden. Macht man hingegen die Einzelfläche zum Ausgangspunkt der Gestaltung, dann rückt deren bildnerischer Eigenwert, unterstützt durch die Materialwirkung, stärker in den Vordergrund. Die einfachste Methode dazu ist die freie Flächenreihung.

Die Intarsie in Bild 181 ist nach einem vorgegebenen Entwurf gearbeitet. Die Materialstruktur der vier verwendeten Holzarten ist sowohl ihrem Ausdruck als ihrem Verlauf nach den jeweiligen Rechteckformen angepaßt.

Bild 182 zeigt dagegen eine aus freier Vorstellung gestaltete Fläche. Obwohl auch hier eine rechtwinklige Grundtendenz vorherrscht, ist der Einfluß der Holzmaserung auf die Bestimmung der Einzelform unverkennbar. Das ist ein besonderer Vorzug der freien Gestaltungsweise.

Die Fläche von Bild 183 ist ebenfalls ohne festgelegten Entwurf entstanden. Sie hebt sich einmal durch die Schräglage der Einzelformen von den vorhergehenden Beispielen ab. Zum andern ist hier nur Nußbaumholz in verschiedenen Farbnuancen verarbeitet. Als stärkstes Ausdrucksmittel wirkt sich jedoch der Kontrast in der Holzmaserung aus.

In Bild 184 wird eine Intarsie gezeigt, die mit ihren eigenwilligen Flächengebilden hindeuten soll auf den weiten Spielraum bei der Wahl freier Formen.

Der in Bild 185 dargestellten Fläche liegen einerseits als maschinell gefertigte Formelemente das Quadrat und Rechteck und andererseits die gestanzte Form des Kreises zugrunde. Dabei orientiert sich die Holzmaserung natürlich wieder an den geometrischen Flächenformen.

Die Gliederung dieser Intarsie macht deutlich, daß sich bei einer Beschränkung auf nur wenige Flächenelemente gleichen Formates das Prinzip der freien Flächenreihung nicht mehr anwenden läßt.

181

182

183

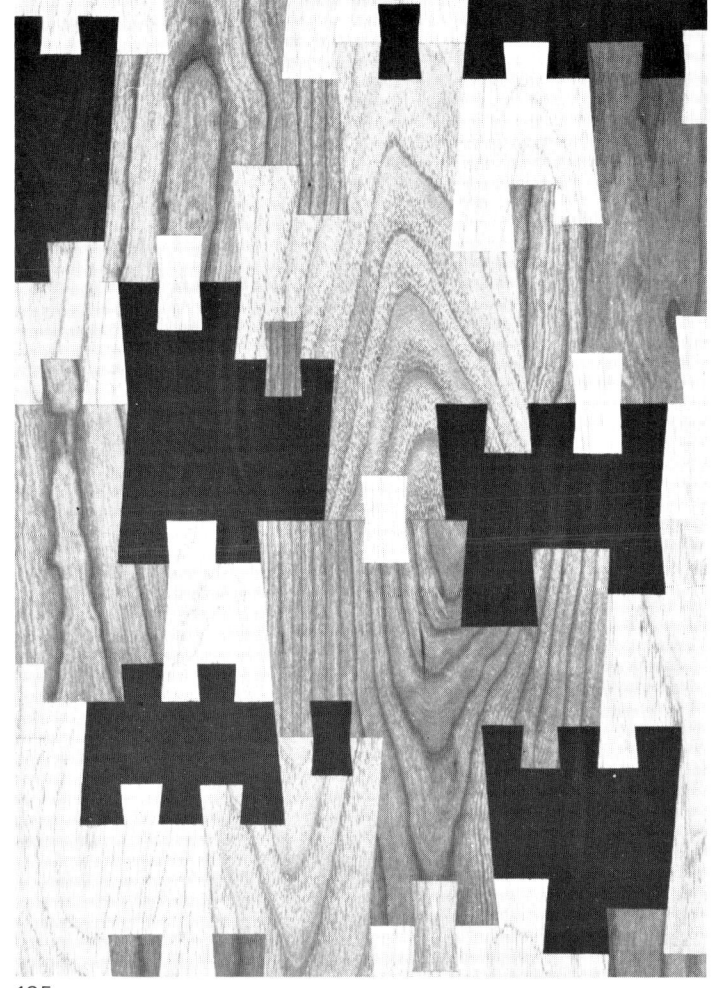

184

185

Eine weitere Möglichkeit, die ornamentale Gliederung von der Einzelfläche her zu betreiben, bietet das Prinzip der Flächenüberschneidung. Hierbei handelt es sich wie bei der Linienüberkreuzung um eine entwurfsgebundene Gestaltungsmethode, bei der die Einzelflächen jedoch auf indirektem Wege entstehen.
In der gestalteten Fläche wird das Prinzip in unterschiedlicher Deutlichkeit sichtbar. So läßt der rhythmisch gebundene Flächenaufbau in Bild 186 die ineinandergeschobenen Zeilen der dunklen Rechtecke auf hellem Grund gut erkennen. Die sich überschneidenden Partien der Rechtecke sind dabei hell geblieben.
Aus der Flächengliederung in Bild 187 läßt sich das Prinzip nur bei genauer Betrachtung herausfinden. Hier sind Rechtecke unterschiedlicher Form und Größe beliebig ineinandergelegt. Durch die mehrfachen Überschneidungen, die dabei entstehen, kommt eine frei rhythmische Gliederung mit unterschiedlichen Formgebilden zustande. Deutlicher fällt dagegen wiederum der methodische Flächenaufbau in Bild 188 ins Auge. Hier sind rechtwinklig-gleichschenklige Dreiecke mit aufwärts gerichteter Spitze frei angeordnet.
In Bild 189 tritt, durch die unregelmäßige Form und Lage der verwendeten Dreiecke bedingt, das methodische Prinzip wieder zurück. Die neu entstandenen Flächenkomplexe haben keine Merkmale von zwingender Gemeinsamkeit. Allein bei Verwendung der Kreisform bleibt, wie Bild 190 beweist, der methodische Aufbau der Fläche stets in gleicher Weise erkennbar.
Das Prinzip der Flächenüberschneidung läßt sich nur dann in Verbindung mit dem Doppelblattverfahren anwenden, wenn sich jeweils nur zwei Linien in einem Punkt schneiden. Andernfalls werden zwangsläufig mehr als zwei Holzarten benötigt, und damit ist zugleich die hier benutzte Methode ausgeschaltet.
Für die Auswahl der Materialstruktur ergeben sich die gleichen Bedingungen wie bei den Linienüberkreuzungen.

186

187

188

189

190

4 Das Zusammenspiel zwischen Linie und Fläche

In dieser Gestaltungsgruppe werden die bisher einzeln erprobten Bildelemente Linie und Fläche miteinander verbunden. Bei der Verwendung des vorwiegend senkrechten Linienverlaufs sind Überkreuzungen nicht berücksichtigt worden.

Die Bilder 191 und 192 zeigen Flächen mit gleicher linearer Grundgliederung als Positiv- und Negativbild. In annähernd gleicher Komposition wurden als Flächenelemente einmal das Quadrat und zum anderen der Kreis verwendet.

In beiden Fällen sind die durchlaufenden Streifen an der Fügemaschine zugeschnitten und jeweils für das Doppelblattverfahren hergerichtet worden. Während im ersten Beispiel die Quadrate anschließend mit dem Messer ausgeschnitten wurden, geschah dies bei den Kreisflächen mit Hilfe eines Stanzeisens.

Die Intarsie in Bild 193 ist als Grundfläche an der Maschine gefügt, Kreisflächen und -ringe sind ausgestanzt worden. Ebenso wie die Wirkung dieser Fläche von der maschinellen Fertigung beeinflußt wird, ist bei der in Bild 194 dargestellten Intarsie die manuelle Herstellungsweise unverkennbar. Während den anderen Flächengliederungen dieser Gestaltungsgruppe ein Entwurf vorgegeben war, ist diese Intarsie aus der freien Vorstellung entstanden. Ihre Grundfläche setzt sich aus Streifen mehrerer Holzarten zusammen. Die querverlaufenden Einzelflächen wurden nach dem Auflegeverfahren eingeschnitten.

Für die Grundfläche der Intarsie in Bild 195 wurde eine horizontale Linienführung mit einfacher Knickung gewählt. Sowohl bei den Grundfeldern als auch bei den Dreiecksflächen ist der Maserungsverlauf jeweils der Flächenausdehnung angepaßt. Dadurch konnte nur die Grundfläche nach dem Doppelblattverfahren auf manuellem Wege hergestellt werden. Die Dreiecke hingegen wurden nach dem Unterlegeverfahren eingefügt.

191

192

193

194

195

51

5 Der Körper als indirektes Bildelement

Diese Gestaltungsgruppe hat einen ausgesprochenen Experimentalcharakter. Das Prinzip der Linienüberkreuzung wie der Flächenüberschneidung ist hier auf den räumlichen Bereich übertragen. Da dieses Verfahren auf dem Umweg über die räumliche Form aber auf die Gewinnung einer Flächengliederung abzielt, hat der Körper hierbei eine mittelbare Funktion.

Für die Erprobung dieser entwurfsgebundenen Methode wurden verschiedene geometrische Figuren in isometrischer Darstellung verwendet. Dabei zeigte sich, daß durch die Überschneidung der körperhaften Bildelemente ein Ordnungsgefüge entsteht, das grundsätzlich zur Verwendung von mindestens drei verschiedenartigen Hölzern, Farbnuancen oder Maserungsrichtungen zwingt. Deshalb wurde hier das Blindblattverfahren angewendet.

Der Flächengliederung in Bild 196 liegt die Figur eines Würfels zugrunde, der in gleichbleibender Größe und Lage frei angeordnet ist. Die drei unterschiedlichen Holzarten haben einen gemeinsamen Strukturverlauf. Durch den Eindruck der Transparenz bleibt das Bildelement und damit das bildnerische Prinzip erkennbar.

Die in Bild 197 dargestellte Intarsie ist aus nur einer Holzart mit wechselndem Strukturverlauf gefertigt. Durch den fehlenden Farbkontrast ist das Prinzip nur bei intensiver Betrachtung herauszufinden. Als Bildelement wurde hier ein Quader mit den Proportionen eines Mauersteines verwendet. Bei gleichbleibender Größe und Winkelstellung ist dieser Körper in seinen drei möglichen Lagen mehrfach frei plaziert.

Trotz des kräftigen Hell-Dunkel-Kontrastes läßt sich das Gliederungsprinzip auch in Bild 198 nur mit einiger Mühe erkennen. Das ist hier gewiß auf die verzerrte Form des als Bildelement verwendeten prismaähnlichen Körpers zurückzuführen.

Bei den Bildern 199 und 200 wurde der Flächenaufbau jeweils mit zylindrischen Körpern vorgenommen. Die aufrecht angeordneten Figuren von Bild 199 sind dem nachfolgenden Beispiel gegenüber bewußt verzeichnet. In beiden Fällen bleiben die Körperformen gut zu erkennen.

Im Gegensatz zu den beiden ersten Intarsien dieser Gestaltungsgruppe orientieren sich die in den drei letzten Beispielen verwendeten ausdrucksstarken Maserungsbilder an der jeweiligen Einzelfläche.

196

197

198

199

200

6 Die Pyramide als Bildelement

Die Seitenflächen pyramidischer Körper rufen in der Draufsicht jene charakteristischen Formen hervor, die vor allem bei der gleichseitigen Pyramide den einfachen geometrischen Flächenteilungen entsprechen.

Durch Aneinanderreihung von Pyramiden mit quadratischer oder rechteckiger Grundfläche entstehen in der Draufsicht Gliederungsformen nach dem Prinzip des Rastersystems mit durchlaufender Diagonalteilung. Wird eine derartige Lineatur durch den einfachen Hell-Dunkel-Effekt in das entsprechende Flächenmuster umgewandelt, so kommt noch keine räumliche Wirkung zustande. Das ist erst der Fall, wenn mehrere Farbnuancen mit möglichst gleichbleibender Anordnung verwendet werden. Je nach Blickwinkel entsteht dann, wie Bild 201 zeigt, entweder das Bild einer Pyramide oder eines Trichters.

Die Bildordnung der in Bild 202 dargestellten Intarsie hat sich vom strengen Gleichklang gelöst. In freier Komposition sind hier Pyramiden mit gleichbleibender Grundtendenz in Größe und Form vielfach variiert.

Eine stärkere Gelöstheit in der kompositionellen Ordnung bringt die Verwendung einer dreiseitigen Pyramide mit sich. Während bei der vorherigen Intarsie noch klare Grundrichtungen erkennbar sind, erinnert Bild 203 mehr an das Erscheinungsbild einer unregelmäßigen Knitterung.

In systematischer Fortsetzung zeigt die Fläche in Bild 204 eine Gliederung aus unterschiedlichen Pyramidenformen. Das Augenmerk galt hier vor allem der Gestaltung pyramidenförmiger Körper mit teilweise einwärts gerichteten Begrenzungsformen.

Als besonderes Merkmal der Intarsie in Bild 205 ist die zentralorientierte Komposition anzusehen. Zusätzlich sind Körper mit dachartiger Form eingefügt.

Bei allen hier abgebildeten Intarsien erfährt die in den Farbkontrasten begründete räumliche Wirkung noch eine Steigerung durch die Art und den Verlauf der Maserung.

Sämtliche Intarsien dieser Gestaltungsgruppe sind nach dem Blindblattverfahren hergestellt. Gleichförmige Gliederungen wie in Bild 201 lassen auch den Einsatz der Maschine zu.

201

202

203

204

205

4.3.2.1.2 Intarsie als Flächeneinlage

1 Die Materialstruktur als Bildelement

Strukturformen und Maserungsbilder werden als Flächeneinlage in stärkerem Maße wirksam als bei einer Flächenzusammensetzung. Während dort die lückenlose Aneinanderreihung eine fortlaufende gegenseitige Anpassung aller Furnierausschnitte bedingt, kann hier durch die Einbettung in ein bildneutrales Grundfurnier jede Einzelform ausschließlich von der jeweiligen Zeichnung des Furniers bestimmt werden.

Die linienhaften Formgebilde von Bild 206 sind durch Zerlegung einer Furnierfläche mit entsprechendem Wuchs entstanden. Die weichen, anschwellenden Formen der Strukturausschnitte erinnern an die Formenwelt des Jugendstiles.

Bei der Intarsie in Bild 207 sind typische Maserungspartien des südamerikanischen Palisanderholzes zu einem ornamentalen Gebilde miteinander verbunden. Der Bildgrund ist durch die Wahl einer querverlaufenden, grobporigen Holzstruktur mit der ausdrucksstarken Zeichnung der Einlagen in Einklang gebracht.

Die Intarsien der Bilder 208–210 zeigen unterschiedliche Struktur- und Maserungsbilder in punkthafter Anordnungsweise.

Die Komposition des ersten Beispiels besteht aus Flächenausschnitten aus einem Wurzelfurnier. Das fleckhafte Maserbild verbindet sich hier mit unregelmäßig verlaufenden Zuwachsstrukturen (Bild 208).

Während in Bild 209 die Flächenform der Einlagen durch geschlossene Fladerbilder bestimmt wird, liegt den bildnerischen Formen des letzten Beispiels die zerlegte Fladerung eines äußerst grobjährigen Blattes Rüsternfurnier zugrunde (Bild 210).

Sämtliche Intarsien dieser Gestaltungsgruppe sind nach dem Auflegeverfahren gearbeitet.

208

209

210

2 Die Linie als Bildelement

Für die Gestaltung von Flächeneinlagen läßt sich die Linie nur in Form von Überkreuzungen als Bildelement verwenden. Um auf systematischem Wege zu solchen Linienüberschneidungen zu gelangen, ist hier ein Prinzip aufgegriffen, das der Kette und dem Schuß in der Textilfabrikation gleichkommt. Über ein Liniensystem wird in der Art eines Schusses eine endlose Linie hin und her geführt.

In Bild 211 ist die einfachste Form eines solchen liniengebundenen Ordnungssystems dargestellt. Als Trägerelement dient eine senkrecht verlaufende Linie, deren Enden durch eine fortwährend überkreuzende Linienführung miteinander verbunden sind. Durch die rechtwinkligen Abknickungen des Linienverlaufs entsteht ein Ordnungsgefüge unterschiedlicher Rechtecke.

Dem bildnerischen Aufbau von Bild 212 liegt als Trägerelement ein Linienverlauf in Form eines Winkels zugrunde. Die Endpunkte sind, dem Charakter des Winkels entsprechend, derart miteinander verbunden, daß fortlaufend Dreiecke bzw. dreieckähnliche Figuren entstehen.

Bei der Flächengliederung in Bild 213 folgt die Lauflinie einer U-förmigen Trägerfigur. Wie bei den vorhergehenden Beispielen wurden auch hier mehrere Holzarten mit wechselnder Maserung verarbeitet.

Das Grundsystem der in den Bildern 214 und 215 gezeigten Intarsien besteht jeweils aus drei durchlaufenden Parallelen, die von der Lauflinie in zahlreichen rechtwinkligen Abknickungen überkreuzt werden. Dadurch kommt ein flächefüllendes Ornament mit senkrechter bzw. waagerechter Ausdehnungstendenz zustande.

Das charakteristische Merkmal der nach dieser Methode gestalteten Flächeneinlagen besteht darin, daß die Einzelfelder niemals mit ihren Seiten aneinandergrenzen, sondern daß es zu fortlaufender Eckberührung kommt. Dadurch bleibt jede Einzelfläche vom Bildgrund umgeben. Für die ornamentale Gliederung benötigt man demnach nur eine Holzart.

211

212

213

214

215

3 Die Fläche als Bildelement

Ornamentale Gliederungen lassen sich als Flächeneinlage nach verschiedenen Grundsätzen aus geometrischen und freien Flächenformen gestalten. Die nachfolgenden Beispiele beschränken sich auf die Verwendung geometrischer Figuren.

Die einfachste Methode besteht darin, daß man die Einzelflächen in einer unverbundenen, punkthaft aufgebauten Komposition in das Grundfurnier einlegt. Die Intarsie in Bild 216 veranschaulicht das am Beispiel der Kreisform.

Die in Bild 217 dargestellte Gliederung bedient sich der Rechteckfläche als Bildelement. Um einen kompositionellen Kern, der aus größeren Flächen besteht, ist eine Vielzahl kleinerer Felder derart gruppiert, daß es zu vielfachen Eckberührungen kommt.

In Bild 218 sind die Bildelemente schließlich soweit ineinandergeschoben, daß die Überschneidungen zum Teil andersartige neue Formen bilden. Die überlagerten Flächenpartien treten durch die Verwendung dunkleren Furniers einerseits deutlich hervor, andererseits bleiben dadurch aber auch die Flächenformen der Ausgangsfiguren optisch erhalten.

Im Gegensatz dazu lassen sich die ursprünglichen Bildelemente in Bild 219 nicht mehr eindeutig erkennen. Dieser Flächengliederung liegen trapezähnliche Viereckformen zugrunde, deren Überschneidungen ausgespart und teilweise auch erweitert sind. Dadurch spielt der Bildgrund stärker in das Ordnungsgefüge hinein und lockert es auf.

Die Komposition der letzten Intarsie dieser Gestaltungsgruppe verbindet rechteckige und kreisförmige Flächen miteinander. Der Überschneidungseffekt der vorhergehenden Abbildungen ist hier zu einer vollkommenen Durchbrechung gesteigert. Die aus den Rechteckflächen ausgestanzten Kreise sind an anderer Stelle jedoch wieder in das Grundfurnier eingefügt (Bild 220).

Intarsien, die nach den hier aufgeführten Grundsätzen gestaltet werden, lassen sich ebenfalls in nur einer Holzart ausführen.

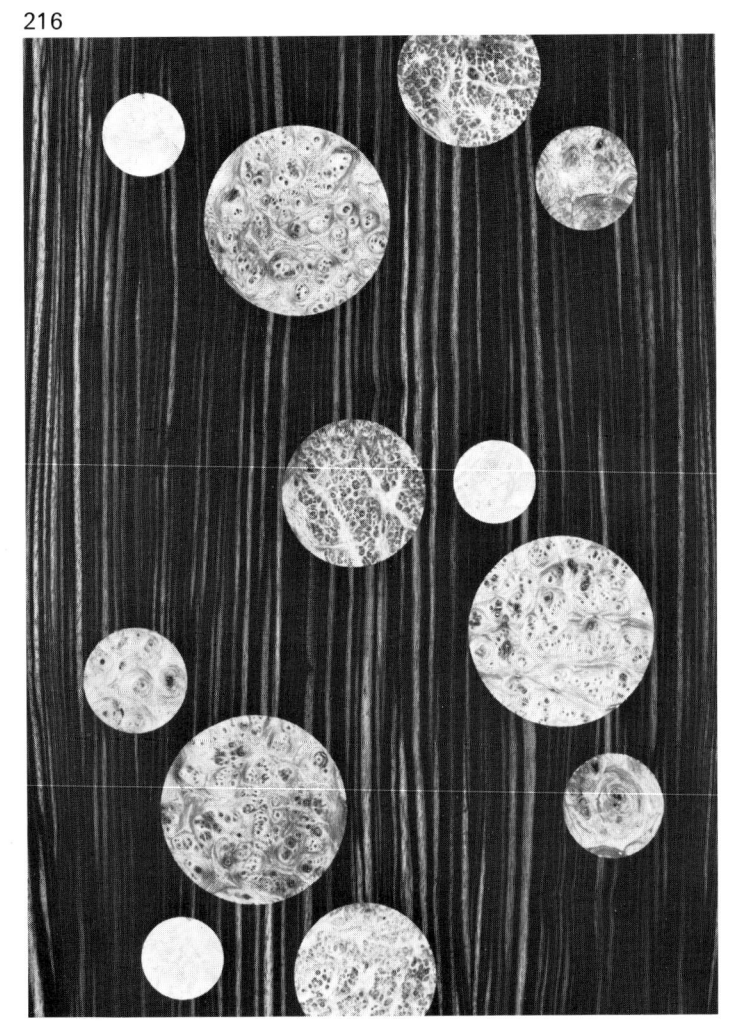

216

217

218

219

220

61

4 Der Körper als indirektes Bildelement

Wie Flächenzusammensetzungen, so lassen sich auch Flächeneinlagen in indirekter Weise mittels geometrischer Körper gestalten. Hier wie dort ergeben sich durch die Überschneidungen derartiger Bildelemente Flächengliederungen, für deren Herstellung mindestens drei verschiedene Holzarten, Farbtöne oder Maserungsrichtungen benötigt werden. Anders als bei der Flächenzusammensetzung wird der vorgegebene Entwurf jeweils nur in Form von ausgewählten Überschneidungspartien auf das Grundfurnier übertragen. Deshalb konnten den nachfolgenden Beispielen die Entwürfe der Flächenzusammensetzung zugrunde gelegt werden (siehe Seite 52).

Bild 221 zeigt eine ornamentale Gliederung, die aus den Überschneidungsformen der würfelförmigen Körper abgeleitet ist. Dabei wurde jedoch anstatt der dreifachen Farbabstufung die wechselnde Strukturrichtung bei gleicher Holzart gewählt.

Bei der Intarsie in Bild 222 ist der umgekehrte Weg beschritten. Während dieses Beispiel sich als Flächenzusammensetzung lediglich auf den wechselnden Faserverlauf beschränkt, ist hier zusätzlich eine dreifache Farbabstufung vorgenommen.

Zu einer bizarren Komposition hat die Anwendung dieser Methode in Bild 223 geführt. Ist im vorhergehenden Beispiel durch das gleichbleibende Maserungsbild und durch die Beschränkung auf drei Faserrichtungen der körpergebundene Grundaufbau noch gut sichtbar, so tritt hier durch den Wechsel der Maserungsbilder und des Furnierverlaufs die Flächenhaftigkeit stärker in den Vordergrund. Dem bildnerischen Aufbau der Intarsien in den Bildern 224 und 225 liegen die bekannten zylindrischen Körper zugrunde. Das lückenlose Zusammenspiel größerer Flächenkomplexe ruft, wie Bild 224 zeigt, naturgemäß eine kompaktere Wirkung hervor, als das bei der stärker durchbrochenen Gliederung des letzten Beispiels der Fall ist. Durch den einheitlichen Maserungsverlauf wird der innere Zusammenhang noch erhöht. Die Beispiele dieser Gestaltungsgruppe lassen in ihrem bildnerischen Ausdruck zwei Tendenzen erkennen: neben dem rein ornamentalen Charakter (Bild 221 und 225) kommt ein deutlicher Zug ins Ungegenständliche auf (Bilder 222–224).

221

222

223

224

225

5 Die Pyramide als Bildelement

Die Pyramide kann in der gleichen Weise wie die bisher beschriebenen Bildelemente für die Gestaltung von Flächeneinlagen herangezogen werden. Durch die Einbettung in einen neutralen Grund tritt ihre körperhafte Einzelform hier deutlicher hervor als in der Flächenzusammensetzung. Bei der Gestaltung von vier- bis sechsseitigen Pyramiden und Pyramiden mit eingezogenen Kanten kommt man mit vier Holzarten bzw. Farbnuancen aus.
Bild 226 zeigt eine Intarsie, bei der die Urform der Pyramide in freier Komposition auftritt. Durch die Gleichförmigkeit der Bildelemente und deren lineare Anordnung erhält die Gliederung einen etwas schematischen Charakter.
Demgegenüber wirkt der Aufbau in Bild 227 gelöster. Die Pyramidenformen und die Ordnungsrichtungen sind bei gleichbleibender Grundtendenz mehrfach variiert, und die lineare Anordnung ist teilweise durch den freien Versatz ergänzt.
Die Pyramiden der Intarsie in Bild 228 unterscheiden sich nicht nur in ihrer Form und Größe von den bisherigen Beispielen. Charakteristisches Merkmal ist hier die konkave Ausformung der Seiten. Dadurch kommt eine Wirkung zustande, die an einen aufgespannten Schirm oder an ein Zelt erinnert. Dieser Eindruck wird durch den leicht gekrümmten Strukturverlauf noch verstärkt. Die konsequente Beibehaltung dieses Merkmals läßt bei der Anordnung der Pyramiden natürlich keine Seitenberührung, sondern nur eine Eckberührung zu.
Als besonderes Kennzeichen der Intarsie in Bild 229 ist die zentral orientierte Anordnung der Flächeneinlagen anzusehen. Der kompositionelle Aufbau ist dem Parallelbeispiel aus der Flächenzusammensetzung entnommen.
Bei der Gestaltung der in Bild 230 dargestellten Intarsie war das Augenmerk hauptsächlich auf das Verhältnis zwischen Einlage und Bildgrund gerichtet. Der gleichbleibenden Holzstruktur der pyramiden- und dachartigen Bildelemente wurde ein bewegtes Maserbild als Grundfurnier gegenübergestellt. Dadurch erhält dieses Beispiel einen mehr bildhaften Ausdruckscharakter.
Mit Ausnahme der streng materialgebundenen Formen sind sämtliche Beispiele für die Intarsiengestaltung in der Art einer Flächeneinlage nach vorgegebenem Entwurf unter Anwendung des Unterlegeverfahrens hergestellt.

226

227

228

229

230

4.3.2.2 Bildhafte Flächengestaltung

4.3.2.2.1 Ungegenständliche Gestaltung

Geometrische Ornamente verfügen über ein Höchstmaß an Abstraktion. Ihre rein dekorative Funktion ist völlig eindeutig. Verläßt man aber den Boden des gesetzmäßig-geometrischen Flächenornamentes und wendet sich den freien Formen und Gliederungen zu, dann gelangt man irgendwann an einen Punkt, an dem der ornamentale Charakter umschlägt in ein Gestaltbild, das im engeren Sinne als ungegenständlich oder abstrakt bezeichnet werden kann. An einigen der bisher angeführten Beispiele ist das gut zu erkennen.

Der grundlegende Unterschied zwischen ornamentaler und ungegenständlicher Gestaltung läßt sich in äußerster Kürze vielleicht auf die nachfolgende Formel bringen: Drängt sich bei der Betrachtung eines entsprechenden Bildwerks die Frage auf »Was ist das?« oder »Was soll das darstellen?«, dann ist damit eindeutig das Vorhandensein eines — wenn auch noch nicht erkennbaren — Sinngehaltes vorausgesetzt. Das gemeinte Bildwerk gehört demnach in den Bereich der ungegenständlichen Gestaltung. Ein rein ornamentales Gestaltbild hingegen läßt eine derartige Fragestellung gar nicht aufkommen, weil der ausschließlich dekorative Zweck von vornherein einleuchtet und keiner Deutung bedarf.

Die Intarsie in Bild 231 verkörpert im weitesten Sinne die Ausstrahlung eines Kraftzentrums. Die klare Ausdehnungstendenz bewirkt den Eindruck einer gleichbleibenden Strahlungskraft und verleiht der Bildgestalt dadurch innere Stabilität und Ausgeglichenheit.

Dagegen läßt die Intarsie in Bild 232 eine dynamische Wirkung mit völlig anderem Ausdruckscharakter erkennen. Der kleinformigen Gliederung liegt kein klar gerichtetes Ordnungssystem zugrunde. Dadurch entsteht hier der Ausdruck nervöser Unruhe, der Hektik oder gar der einer Ekstase. Beide Intarsien sind in Form einer Flächenzusammensetzung gestaltet.

Als Flächeneinlage gewinnen ungegenständliche Motive in ihren äußeren Konturen an Schärfe. So verleihen die harten Abgrenzungen dem Gebilde in Bild 233 einen ausgesprochen konstruktiven Charakter.

Durch die unregelmäßigen, aber im Detail exakt kreisbogenförmig konkaven Begrenzungsformen läßt die Darstellung in Bild 234 den allgemeinen Eindruck der Auflösung oder Zersetzung aufkommen.

Demgegenüber weisen die äußeren Konturen wie auch die inneren Strukturen der in Bild 235 dargestellten Intarsie eher auf biologische oder geologische Entstehungsformen hin.

Grundsätzlich läßt sich vielleicht sagen, daß eine eindeutige Abgrenzung zwischen ornamentalem und ungegenständlichem Gestaltbild kaum als möglich erscheint, sondern die Übergänge vom einen zum anderen Gestaltungsbereich als fließend bezeichnet werden können.

231

232

233

234

235

4.3.2.2.2 Übergang zur gegenständlichen Gestaltung

Ungegenständliche Gestaltbilder können je nach Art des Motives bzw. des Themas den jeweiligen Sinngehalt in unterschiedlicher Deutlichkeit hervortreten lassen. Dabei ist es möglich, daß die bildnerische Darstellung sich mehr oder weniger auch gegenständlichen Formen zuneigt. In derartigen Fällen zeichnet sich, ähnlich dem Verhältnis zwischen ornamentaler und abstrakter Formgestalt, ebenfalls ein fließender Übergang von der ungegenständlichen zur gegenständlichen Gestaltung ab.

Die Intarsie in Bild 236 zeigt eine Gruppierung von Rechtecken, die gemeinsam auf dem unteren Flächenrand stehen, aber von unterschiedlicher Form und Größe sind. Durch die gezielte Abstufung der Farbintensität kommt eine unverkennbare Tiefenwirkung ins Bild, und es entsteht der Eindruck von Hochhäusern oder Wolkenkratzern. Da die Raumtiefe nicht durch eine körperhafte Darstellungsweise, sondern allein durch die Nutzung der Farbintensität zustande kommt, bleibt die der Intarsie eigene Flächenhaftigkeit erhalten.

Eine andere Möglichkeit zur Erzielung einer Tiefendimension stellt die Intarsie in Bild 237 dar. Hier wird nicht die unterschiedliche Leuchtkraft des Furniers, sondern die spezifische Flächenform gestaffelter Dreiecke zur Erzeugung von Raumtiefe herangezogen. Durch die Querteilung im unteren Bilddrittel und die damit verknüpfte Dunkelfärbung erfährt die Tiefenwirkung eine unverkennbare Steigerung. Das Bild vermittelt den Eindruck einer Wasserspiegelung.

Die Formen der in Bild 238 dargestellten Intarsie rufen unterschiedliche Vorstellungsbilder wach. Sie erinnern an Wasser und Segelboote, an Zelte oder aber an Nadelbäume.

Die Intarsien in den Bildern 239 und 240 hingegen sind in ihrer Formgestalt wiederum eindeutig. Während im ersten Fall die charakteristische Wuchsform von Gräsern dargestellt ist, zeigt das letzte Beispiel die symmetrischen Grundformen von Faltern mit ausgebreiteter Flügelstellung.

Im Vorfeld der gegenständlichen Gestaltung lassen sich, wie die Beispiele dieser Gestaltungsgruppe beweisen, die Motive weitgehend auf einfache geometrische Flächenformen zurückführen.

236

237

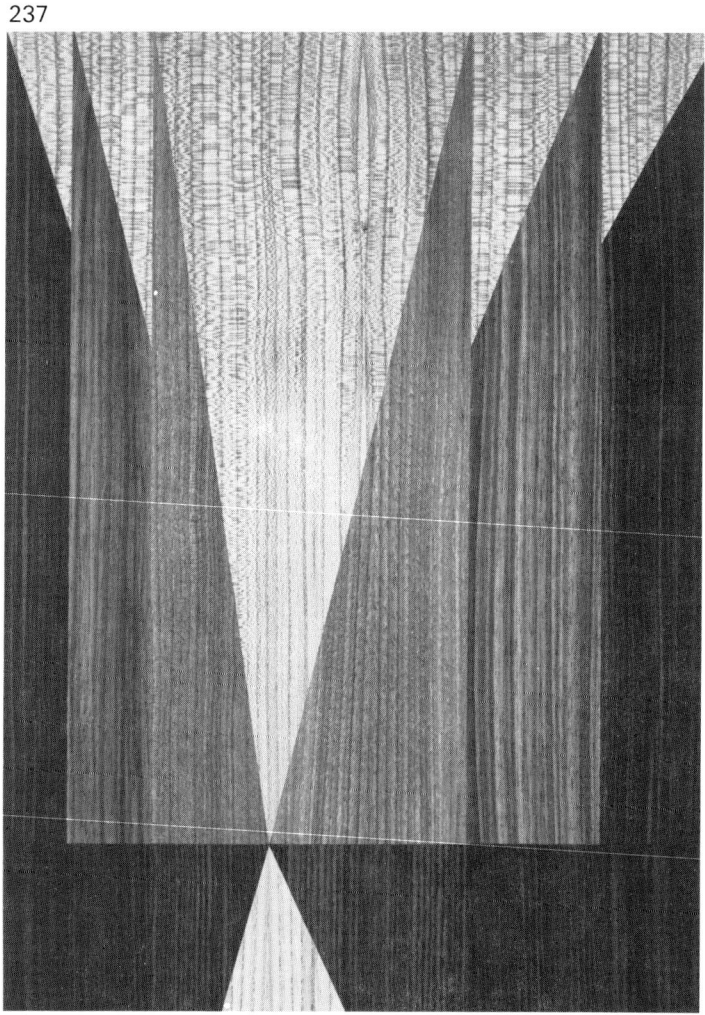

238

239

240

4.3.2.2.3 Gegenständliche Gestaltung

1 Fische

Die Intarsie lebt bekanntlich von der materialgebundenen Flächenwirkung. Deshalb sind Gegenstände mit sperrigen und stark differenzierten Formen grundsätzlich ungünstige Gestaltungsobjekte. Für die gegenständliche Gestaltung eignen sich demnach vorzugsweise Motive mit kompakten, wenig gegliederten Formen.

Die Körperform des Fisches erfüllt diese Bedingung in optimaler Weise. Um die grundlegende Bedeutung der kompakten Form vor Augen zu führen, wurde den nachfolgenden Beispielen als Prototyp ein Fisch mit gedrungenem Körperbau zugrunde gelegt. Die Gestaltungsmöglichkeiten gehen aus von der ungegliederten ganzflächigen Form und schreiten stufenweise fort zu stärkerer Differenzierung der Innenteilung.

Die eckige Grundform der Fische in Bild 241 wird in ihrem strengen Ausdruck unterstützt durch eine gleichmäßig streifige Holzmaserung. Körper und Schwanzflosse bilden jeweils eine gesonderte Fläche, deren Struktur sich der Einzelform anpaßt.

Die in Bild 242 dargestellten Fische erhalten durch die geschwungenen Flächenbegrenzungen einen weichen, geschmeidigen Formcharakter. Durch die Verwendung von Furnierausschnitten mit Kern- und Splintanteil entsteht hier eine materialeigene Aufgliederung in Rücken- und Bauchpartie.

Demgegenüber ist bei der Intarsie in Bild 243 eine solche Unterteilung durch Zusammensetzung zweier Furnierarten erreicht. Als besondere Eigenheit des Materials fallen hier neben dem gekrümmten Strukturverlauf die Glanzeffekte der helleren Körperpartien ins Auge.

Die strenge Grundform der Fische in Bild 244 wird aufgelockert durch weitergehende Aufgliederung, mehr noch aber durch die Gegenüberstellung bewegter Maserungsbilder in der Rückenpartie und ruhiger Strukturierung der übrigen Körperteile.

Die betont waagerechte Gliederung der beiden letzten Beispiele wird in Bild 245 ergänzt durch eine senkrechte Flächenteilung. Nach dem Prinzip der Linienüberkreuzung entsteht hier die bekannte Flächengliederung mit zwei Holzarten bzw. Farbtönen.

Über eine bizarre Innengliederung verfügen die Fischkörper in Bild 246. Auch hier ist die Flächengliederung durch Linienüberkreuzung zustande gekommen. Dabei ist jedoch eine gerade Linienführung jeweils durch eine gebrochene überschnitten.

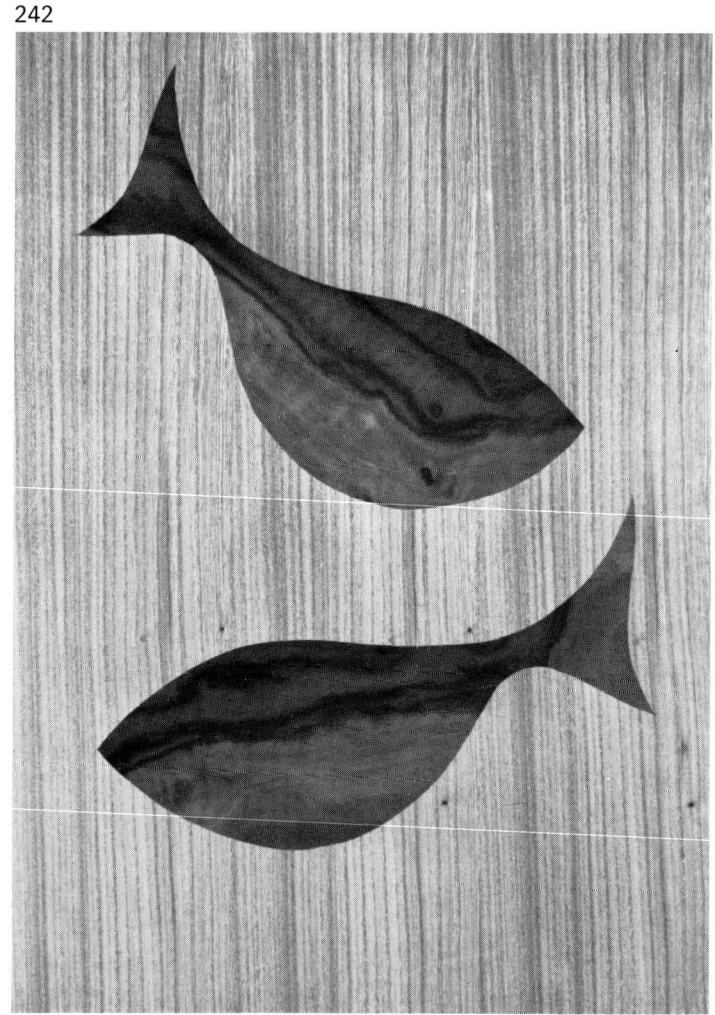

243

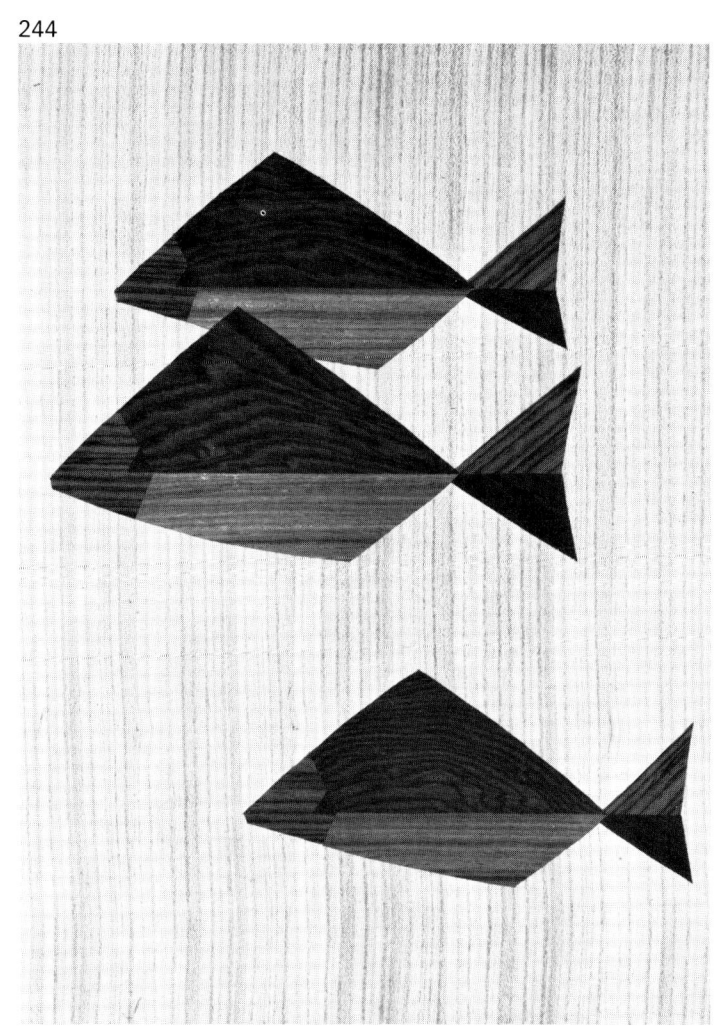

244

245

246

2 Taubenpaar

Geeignete Motive aus dem Tierreich liefert auch die Vogelwelt. Die unterschiedlichen Flugbilder der Vögel können zwar im engeren Sinne nicht mehr als geschlossene Form bezeichnet werden; dafür begünstigen die ausgebreiteten Schwingen aber eine großflächige Gestaltungsweise. In ruhender Stellung nimmt die Körperhaltung der Vögel durchweg eine kompakte Form ein. Allerdings bringt die Beschaffenheit der Beine und Füße oft gestalterische Schwierigkeiten mit sich.

Die folgenden Beispiele zeigen gegensätzliche Möglichkeiten einer ganzflächigen und gegliederten Formgestalt.

In den Bildern 247 und 248 sind die Tauben jeweils nach dem Grundsatz der Flächenaufteilung gestaltet. Das erste Beispiel ist in der Gliederung sehr sparsam und bedient sich ausschließlich geradlinig begrenzter Flächenformen. Jedes Einzeltier besteht, wenn man vom Schnabel absieht, eigentlich nur aus drei Teilflächen: der Kopf-Hals-Brust-Partie, der Flügel-Schwanz-Partie und der Beinpartie. Durch die Flächenüberschneidungen mit Transparenzeffekt kommt es dann aber zu einer stärkeren Unterteilung. Die ausgeprägte Flächenwirkung vereinigt sich hier mit einem äußerst strengen Bildausdruck.

Bild 248 zeigt das Taubenpaar in einer Komposition, bei der das räumliche Hintereinander der natürlichen Situation beibehalten ist. Die begrenzenden Linienführungen lassen durchgehend eine leichte Krümmung erkennen, und die Innenformen sind stärker unterteilt. Demgemäß wird hier die Flächenhaftigkeit von einer mehr körperhaften Wirkung abgelöst. Der charakteristische, leicht geschwungene Linienverlauf bringt einerseits eine gewisse Weichheit zum Ausdruck, andererseits wird durch ihn aber auch die innere Spannung der Bildgestalt erhöht.

In Bild 249 ist das Taubenpaar in ganzflächiger Gestaltung dargestellt. Die Bildkomposition ist so angelegt, daß die schwierige Frage nach der Gestaltung der Beine sich erübrigt. Das Maserungsbild und die Flächenkonturen sind harmonisch aufeinander abgestimmt. Durch die mit dem Liniencharakter verbundene formale Beschränkung und durch die kompositionelle Geschlossenheit kommt hier eine Wirkung zustande, die den tieferen Sinngehalt des Themas in eindrucksvoller Weise erfaßt.

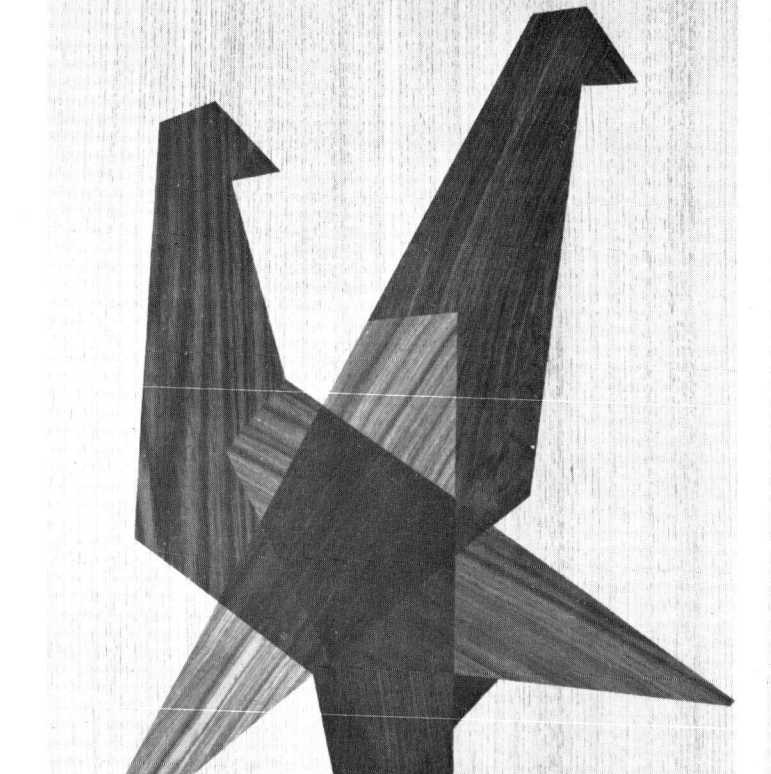

247

248

249

3 Baum

Unter den pflanzlichen Motiven nimmt der Baum eine gewisse Sonderstellung ein. Blüten und Blätter verfügen in übersichtlicher Größenordnung meist über einen eindeutigen Grundaufbau und klare Einzelformen. Deshalb lassen sie sich mit den Mitteln des Furniers im allgemeinen gut darstellen. Die Gestalt eines belaubten Baumes jedoch ist nur in ihren Konturen zu erfassen, die Gliederung der Krone nicht eindeutig bestimmbar.

Das hat in der Intarsienkunst dazu geführt, Bäumen ein ausgesprochen malerisch naturalistisches Gestaltbild zu geben. Die Maserfurniere mit ihrer fleckhaften Holzstruktur begünstigen diese Gestaltungsweise in besonderem Maße. Deshalb sind bei den nachfolgenden Beispielen echte Maserfurniere absichtlich nicht verwendet, sondern vornehmlich Furniere mit üblichen Holzmaserungen verarbeitet worden.

Bei der Intarsie in Bild 250 ist die Baumkrone zwar als geschlossene Fläche, aber in mehrfacher Aufgliederung gestaltet. Der Stamm läuft in ganzer Länge sichtbar in die Flächengestalt der Krone hinein. Strukturverlauf und Einzelflächen sind weitgehend aufeinander abgestimmt und in strahlenförmiger Anordnung um den Stamm gruppiert. Durch die lückenlose Gestaltungsweise ist hier eine Form entstanden, die sich sowohl als Baum wie auch als Blatt deuten läßt.

Als Gegensatz dazu zeigt die Intarsie in Bild 251 einen Baum mit sehr lichter Krone. Stamm und Äste sind aus Furnier mit gleichmäßig ruhiger Zeichnung gearbeitet, während das auf geometrische Formen reduzierte Blattwerk kräftige Maserungsbilder aufweist. Der Gesamtaufbau des Baumes hat einen nahezu schematischen Charakter. Der in Bild 252 dargestellte Baum trägt eine Krone, deren Gliederung nach dem Prinzip der Linienüberkreuzung bzw. der Flächenüberschneidung entstanden ist. An der lebhaften Holzmaserung fallen besonders die ausgeprägten Glanzeffekte ins Auge. Das Gestaltbild dieses Baumes nähert sich weit stärker dem Naturvorbild als die vorhergehenden Beispiele.

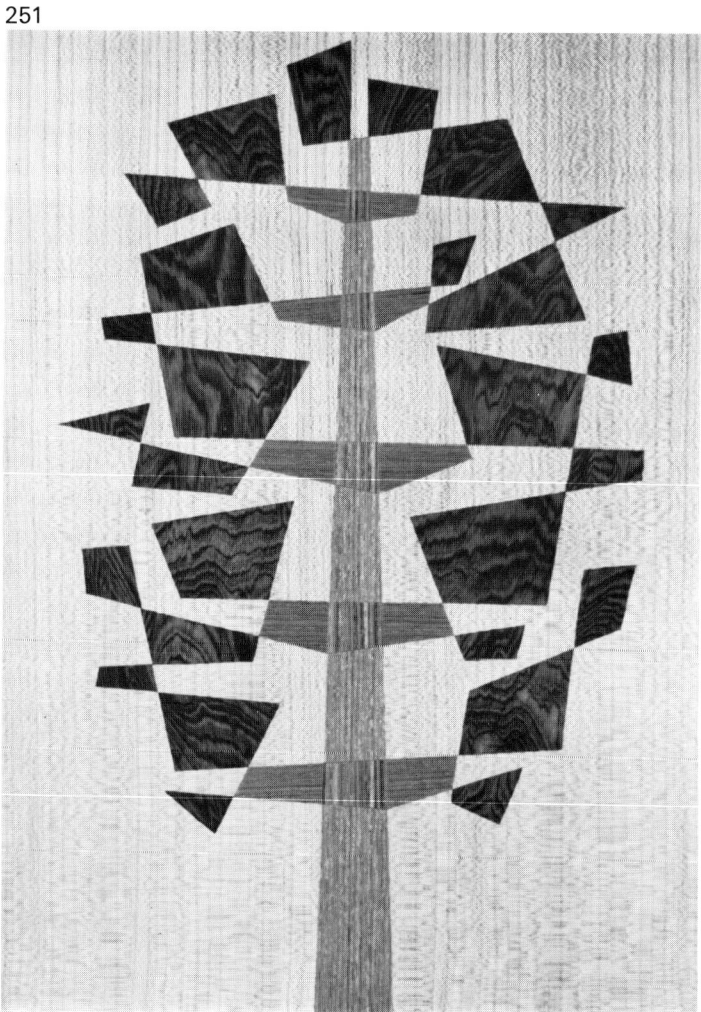

250

251

252

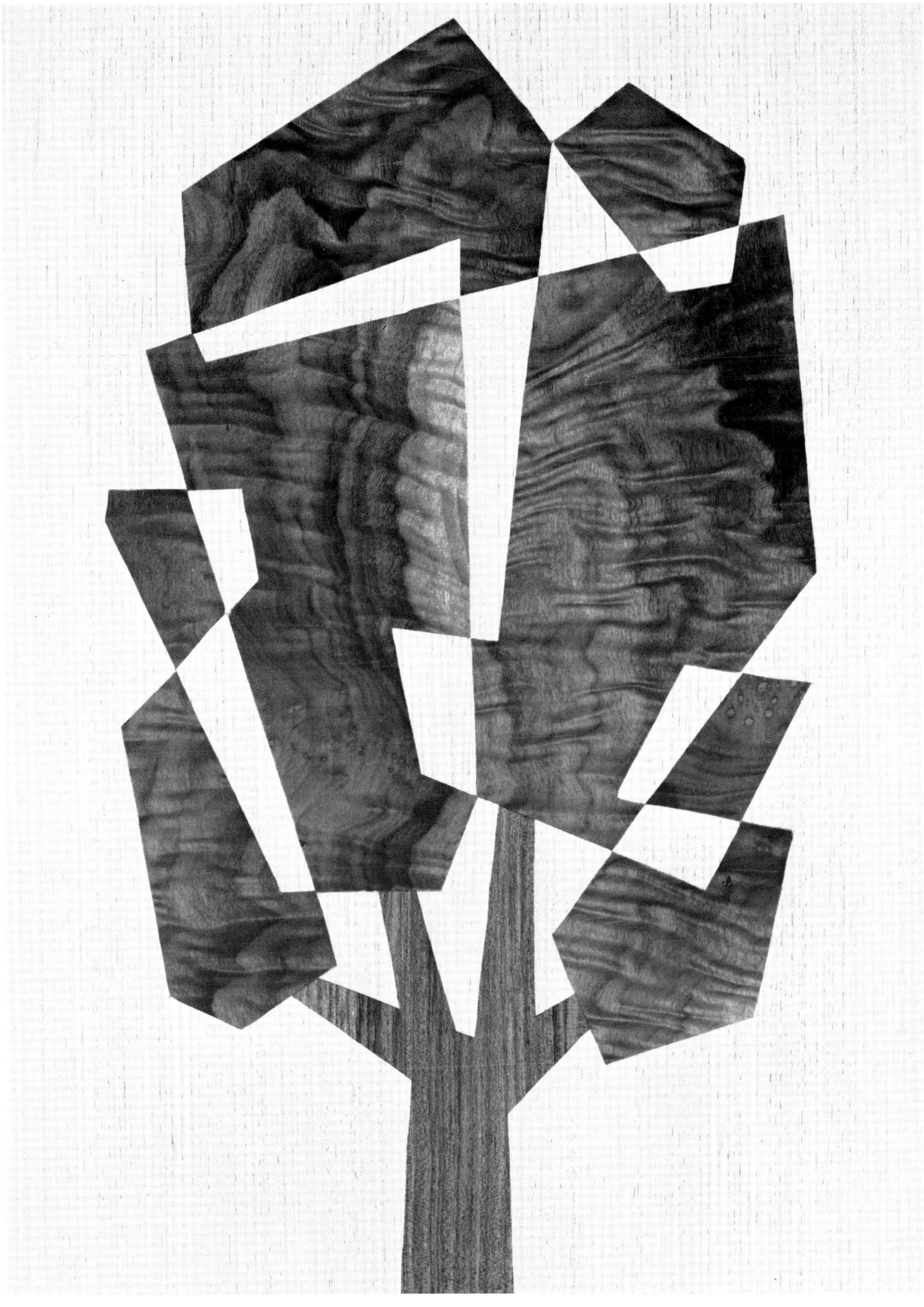

4 Segelboote

Segelschiffe und Segelboote zählen seit jeher zu den beliebtesten Motiven der Intarsienkunst. Die großflächigen, geblähten Segel reizten zu einer meist naturgetreuen Darstellungsweise. Besondere Schwierigkeiten bereitete dabei stets die Gestaltung des vielfältig auftretenden Tauwerks.

Das Segelschiff bzw. Segelboot ist fraglos ein Motiv, das den Bedingungen der Intarsiengestaltung in besonderem Maße entspricht. Denn der Bootskörper und vor allen Dingen die Segel neigen zu einem ausgeprägt geometrischen Flächencharakter.

Den nachfolgenden Beispielen liegen Bootstypen zugrunde, deren Abbild jeweils auf den Rumpf und die charakteristische Form des Segels beschränkt ist. Als bildnerisches Problem ist in diesem Zusammenhang vornehmlich das Verhältnis zwischen eingelegtem Motiv und Flächengrund behandelt.

Bei der in Bild 253 dargestellten Intarsie sind zwei gleiche Boote in unterschiedlicher Größe auf einen neutralen Bildgrund plaziert. Das räumliche Hintereinander scheint durch die transparenten Flächenüberschneidungen aufgehoben zu sein. Boote und Bildgrund haben keine aktiven Beziehungen zueinander. Deshalb hat das Intarsienbild hier mehr den Charakter einer symbolischen Form.

Die Intarsie in Bild 254 bezieht dagegen den Flächengrund derart in die Bildgestalt ein, daß man von einer förmlichen Verschmelzung zwischen Motiv und Bildgrund sprechen kann. Die vielfältigen Überschneidungen der Boote, deren Rumpf nur als Vorderteil in Erscheinung tritt, bringen ein spannungsreiches Gefüge unterschiedlicher Formen hervor. Die Bildgestalt dieser Intarsie hat einen ausgesprochen ornamentalen Charakter.

Das Beispiel in Bild 255 stellt die typische Bildsituation einer Segelregatta dar. Boote und Wellenzüge sind dergestalt hintereinander gestaffelt, daß durch die abnehmenden Dimensionen eine eindeutige Tiefenwirkung entsteht. Hier ist das vorgegebene Thema im engeren Sinne als Intarsienbild gestaltet.

253

254

255

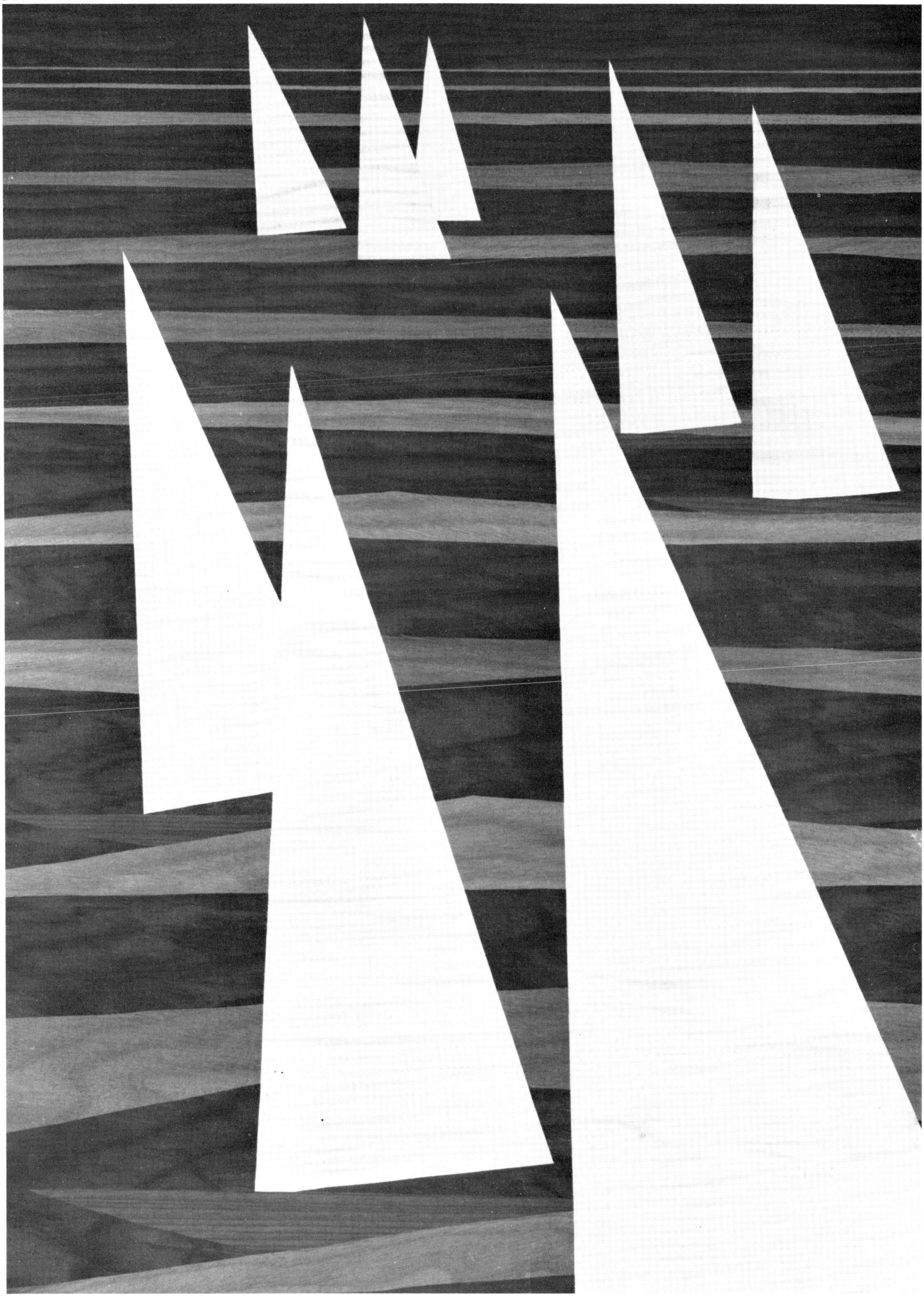

5 Die Technik

Die Intarsienkunst hat sich im Laufe ihrer Geschichte verschiedenartiger Arbeitstechniken bedient. Am Anfang stand das Einlegen kleiner Stücke edlen Holzes in einen Flächengrund von gebräuchlicher Holzart (Kernintarsie).
Ihre eigentliche Form erhielt die Intarsie jedoch erst, als man in der Lage war, Holz in dünnerer Stärke herzustellen (bis zu 3 mm). Damit war die Voraussetzung für das Aufkommen der Messertechnik und für die Herstellung zusammenhängender Intarsienflächen gegeben.
Als sich vom 16. Jahrhundert an die Laubsäge als Arbeitsgerät durchsetzte, war es möglich, mehrere Stücke in einem Arbeitsgang zu fertigen und damit den Weg einer Serienfabrikation zu beschreiten.
Durch die Messertechnik einerseits und die Sägetechnik andererseits entstanden Intarsien von grundverschiedenem Ausdruckscharakter. Während die Handhabung des Messers zwangsläufig eine gewisse Geradlinigkeit, Großflächigkeit und Klarheit der Einzelform bedingte, konnte man mit der Säge die Formen in nahezu unbegrenzter Weise differenzieren.
Die spezifische Beschaffenheit des Holzes, die durch die Messertechnik naturgemäß voll zur Entfaltung kam, rückte bei den gesägten Intarsien in den Hintergrund. Das Material sank weitgehend zum bloßen Träger naturalistischer und rein grafischer Formen herab.
Die heute handelsüblichen Furniere erleichtern wegen ihrer geringen Stärke (0,5–1 mm) die Anwendung der Messertechnik. Dadurch kann die Schönheit des Holzes in erhöhtem Maße zur Wirkung gebracht werden.

5.1 Werkzeuge und Hilfsmittel

Intarsien lassen sich auf manuellem Wege mit verhältnismäßig einfachen Mitteln herstellen. Hauptwerkzeug ist das Messer. Von den im Handel erhältlichen Arten eignet sich die in Bild 256 dargestellte Form am besten. Denn der geradlinig verlaufende Rücken der Klinge und die schräg liegende Schneide ermöglichen eine sichere Schnittführung.

Um dem Messer die erforderliche Schärfe zu geben, wird ein Abziehstein mit feiner Körnung benötigt. Bei starker Abnutzung der Spitze muß die Klinge am Schleifstein nachgeschliffen werden.
Als zweites Schneidewerkzeug ist die Schere zu nennen. Sie leistet als Ergänzung des Messers vor allen Dingen für den groben Zuschnitt mancher Furnierstücke gute Dienste.
Zum Intarsienschneiden benötigt man natürlich auch eine entsprechende Arbeitsunterlage. Für den Hausgebrauch ist eine etwa 40×50 cm große und etwa 8 mm dicke Sperrholzplatte zu empfehlen. Wegen ihrer besonderen Härte ist eine Platte aus Buchenholz am besten geeignet. Die Unterlage muß ebenmäßig sein und bei der Arbeit fest aufliegen.
Für das Zusammenkleben der Furniere bzw. für das Einkleben der Einlagen wird eine Rolle Fugenleimpapier von 15 oder 20 mm Breite gebraucht. Das Papier soll möglichst dünn, ungelocht und leicht transparent sein. Auf keinen Fall darf als Ersatz für fehlendes Fugenleimpapier selbsthaftendes Klebematerial verwendet werden.
Intarsien werden im allgemeinen aus freier Hand geschnitten. Trotzdem muß man oftmals eine kräftige Schiene gebrauchen. Sie kann aus Metall, Hartholz oder Kunststoff sein. Besonderer Wert sollte jedoch auf ihre Rutschfestigkeit gelegt werden.

5.2 Technik des Schneidens

Intarsien lassen sich je nach Gestaltungsidee in unterschiedlichen Arbeitsverfahren herstellen. Den manuellen Fertigungsmethoden der Messertechnik liegen durchweg gleiche Einzelverrichtungen zugrunde, für die bestimmte Regeln zu beachten sind.

5.2.1 Haltung und Führung des Messers

a) Das Intarsienmesser ist bei der Arbeit so zu halten, wie man es etwa von einem Bleistift gewöhnt ist. Mit der Faust sollte das Messer bei einem groben Zuschnitt, nicht aber bei einem Paßschnitt geführt werden.
b) Das Messer muß beim freihändigen Schneiden etwa parallel zur Brust und in Richtung des Unterarmes gezogen werden. Dadurch ist gleichzeitig eine gute Kontrolle des Schnittverlaufs möglich. Die Hand und nötigenfalls auch der Unterarm sollten während des Schneidens unbedingt aufliegen.
c) Beim Schneiden darf das Messer auf keinen Fall seitlich geneigt werden. Die Mißachtung dieser Grundregel ist bei Anfängern sehr häufig zu beobachten. Offene Fugen sind dabei unausbleiblich.
d) Sind Linien mit engen Krümmungen oder kleine Rundungen zu schneiden, dann muß man das Messer fast senkrecht halten, damit nur die Spitze der Klinge ins Furnier greift.
e) Bei der Verarbeitung härterer Holzarten sollte man grundsätzlich denselben Riß mehrmals mit mäßiger Kraft nachschneiden, da das Furnier bei einem einzigen kraftvollen Schnitt an den betreffenden Stellen leicht ausreißen oder spalten kann. Erst

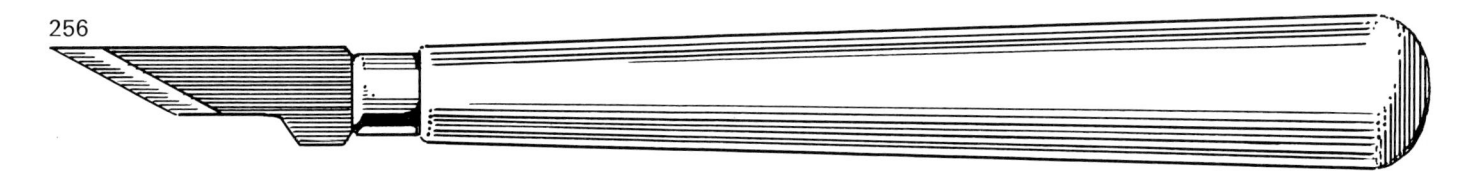

256

wenn sämtliche Holzfasern durchgetrennt sind, darf das ausgeschnittene Feld aus der Furnierfläche herausgehoben werden.
f) Während die rechte Hand das Messer führt, drückt man mit der linken das Furnier fest auf die Unterlage. Die Finger müssen dabei unmittelbar an der Stelle des Risses liegen, an der das Messer jeweils schneidet. Das bedingt ein fortwährendes Nach- bzw. Vorgreifen der linken Hand.
g) Die freihändige Führung des Messers ist dem Schneiden an der Schiene unbedingt vorzuziehen; denn jede Abweichung vom vorgesehenen Strich läßt sich sofort erfassen und unverzüglich korrigieren. Die kleinen Unregelmäßigkeiten, die dabei zwangsläufig entstehen, sind das charakteristische Merkmal einer handgeschnittenen Intarsie.

5.2.2 Schnittrichtung und Faserverlauf

Durch den Faserverlauf des Holzes ergeben sich für den Schneidevorgang unterschiedliche Bedingungen.
a) Schnitte, die annähernd parallel zur Faser geführt werden, erfordern einen geringen Kraftaufwand (Bild 257a). Dabei besteht jedoch die Gefahr, daß das Messer durch den Faserverlauf vom vorgezeichneten Strich abgedrängt wird. Das ist vorwiegend bei grobporigen und mehr noch bei ringporigen Holzarten sowie bei Nadelhölzern der Fall. Diese Gefahr ist um so größer, je stumpfer das Messer ist.
b) Schnitte, die quer (rechtwinklig) zur Faser verlaufen, unterliegen dieser Gefahr nicht (Bild 257b). Allerdings erfordern sie je nach Holzart teilweise einen erheblich größeren Kraftaufwand. Bei sehr harten Furnieren ist fast immer mehrmaliges Schneiden erforderlich. Sind derartige Furniere dazu noch besonders dick, dann wird das Messer leicht eingeklemmt. Hier läßt sich Abhilfe schaffen, indem man unter den betreffenden Riß ein leicht gewölbtes Massivholzstück schiebt und beim Schneiden das Furnier beiderseits des Risses herunterdrückt. Auch bei allen anderen Schnittrichtungen kann dieses Hilfsmittel zur Arbeitserleichterung beitragen.
c) Die günstigsten Voraussetzungen für die Führung des Messers hat in der Regel ein schräg zur Faser verlaufender Schnitt. Je mehr sich die Schräglage einer der beiden Grundrichtungen nähert, um so stärker machen sich natürlich deren Bedingungen bemerkbar (Bild 257c).
d) Ein schräg zur Faser geführtes Messer hat demnach immer die mehr oder weniger stark ausgeprägte Tendenz, in Richtung des Faserverlaufs vom Strich abzuweichen, weil das der Weg des geringsten Widerstandes ist. Deshalb gilt auch hier die allgemeine Regel, daß eine Schneide immer in Richtung der Faser geführt werden soll. Angesichts der Tatsache, daß in der Intarsiengestaltung die gleiche Fläche durchweg zweimal geschnitten werden muß, nämlich als Ausschnitt aus dem Grundfurnier und als Zuschnitt der Einlage, führt das zu einer gegenläufigen Schnittrichtung (Bild 258).
e) Einlagen, die in ihrer Form spitzwinklige Begrenzungen haben, sind bei quer zur Flächenausdehnung liegendem Faserverlauf an diesen Ecken sehr bruchempfindlich. Das trifft in geringerem Maße auch bei Grundfurnieren zu, wenn die eingelegten Motive bis hart an die Außenkanten reichen oder diese durchschneiden. Für die praktische Arbeit läßt sich daraus die Regel ableiten, daß der Schnitt grundsätzlich von den Ecken oder den Außenkanten zur Mitte hin geführt werden soll. Dadurch kann man allerdings in Widerspruch zu der vorher genannten Regel geraten. In diesem Fall können insofern beide Regeln befolgt werden, als man die bruchempfindlichen Partien nur in einer Mindestlänge von außen nach innen schneidet. In einem zweiten Ansatz kann dann der größere Teil des Schnittes in Richtung des Faserverlaufs ausgeführt werden (Bild 259).
Der hier dargestellte Zusammenhang zwischen Schnittrichtung und Faserverlauf tritt natürlich nicht bei allen Holzarten mit der gleichen Eindeutigkeit und dem gleichen Sachzwang auf. Feinporige Hölzer mit regelmäßigem Wuchs, die einen bestimmten Härtegrad nicht überschreiten, lassen im allgemeinen eine freizügigere Schnittführung zu.

5.2.3 Paßgenauigkeit und Dichtheit der Fugen

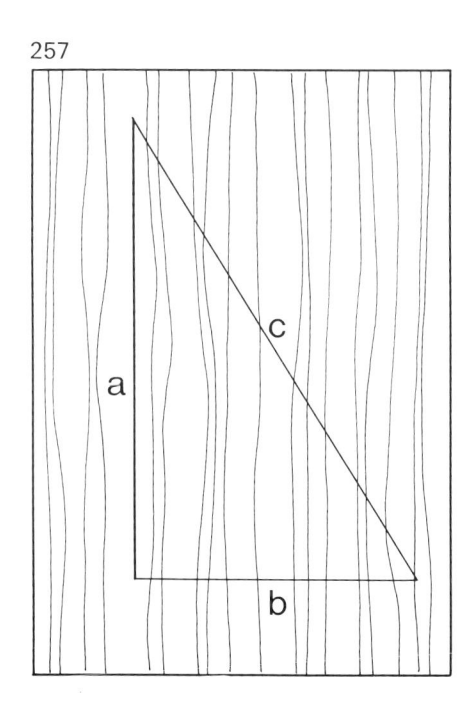

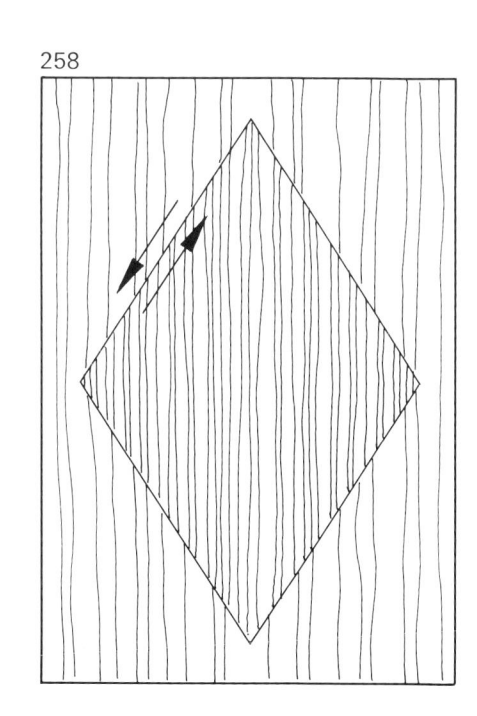

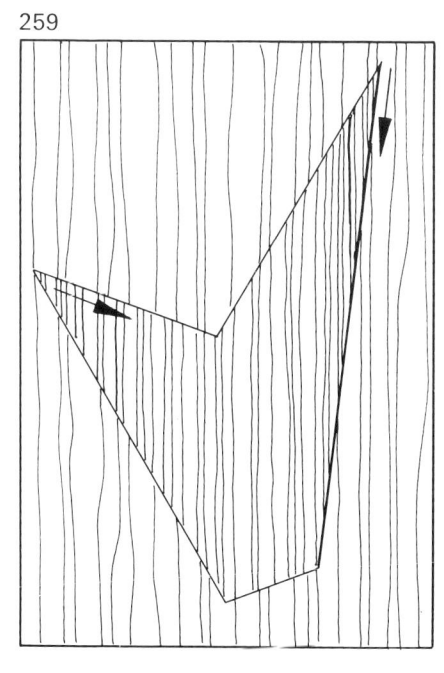

Das charakteristische Gestaltbild der Intarsie wird über die reine Materialwirkung hinaus durch den arbeitstechnischen Grundaufbau bestimmt. So erhält vergleichsweise eine Mosaikarbeit oder eine Bleiverglasung ihren besonderen Ausdruckscharakter durch die ausgefüllte Fuge bzw. durch den einfassenden Steg. Beide Verbindungsmittel gehören als technische Notwendigkeit wesenhaft zur Bildgestalt. Demgegenüber ist das lückenlose, fugenfreie Aneinandergrenzen der Einzelflächen das der Intarsie eigene Wesensmerkmal. Deutlich ins Auge fallende Fugen sind folglich technische Mängel, denen sich keinesfalls positive Effekte für das Gestaltbild der Intarsie abgewinnen lassen. Entsprechend der Schnittrichtung können undichte Partien bei Langholz-, Schrägholz- und Querholzfugen (Hirnholzfugen) auftreten (Bilder 260–262). Daraus ergeben sich unterschiedliche Korrekturmöglichkeiten. Solche Korrekturen werden am besten erst vorgenommen, nachdem die betreffende Einlage unter Freilassung der fehlerhaften Fuge in das bereits vorhandene Flächengefüge eingeklebt ist.

a) Langholzfugen, deren Breite etwa 1 mm übersteigt, müssen mit einem Span des betreffenden Furniers ausgefüllt werden. Oft muß man die Ränder des vorhandenen Loches erst gerade schneiden, damit der Span sich fugenlos einschieben läßt (Bild 260).

Fehlerhafte Fugen von geringerer Breite lassen sich dadurch beseitigen, daß man beiderseits der Fuge mehrere Einschnitte in Faserrichtung anbringt. Beim Furnieren quillt dann die Fuge in der Regel durch den Wassergehalt des Leimes dicht.

b) Schrägholzfugen darf man nicht mit einem Langholzspan ausfüllen. Hier bleibt nur die Möglichkeit, das Furnier beiderseits der Fuge mehrmals parallel zur Faser einzuschneiden. Manchmal empfiehlt es sich sogar, jeweils am äußersten Einschnitt einen feinen Span herauszuschneiden, um dadurch für den Quellvorgang in Richtung Fuge etwas Luft zu schaffen (Bild 261).

c) Querholzfugen (Hirnholzfugen) sind am schwierigsten zu korrigieren; denn in Faserrichtung schwindet und quillt das Holz bekanntlich in sehr unbedeutendem Maße. Man sollte deshalb hier nur geringfügige Mängel korrigieren.

In diesem Falle muß die Querholzfuge in Lang- beziehungsweise Schrägholzfugen umgewandelt werden. Hierbei wird die Einlage an den betreffenden Stellen in möglichst spitzem Winkel keilförmig eingeschnitten. Die dadurch entstehende Dreiecksfläche kann nun in Richtung der Fuge verschoben werden, und die neu auftretenden Schrägholzfugen lassen sich ihrerseits in der bekannten Weise korrigieren. Erscheint für diesen Eingriff die andere an die Querholzfuge grenzende Fläche als besser geeignet, dann läßt sich die Korrektur mit dem gleichen Erfolg auch dort ausführen (Bild 262).

Nach jeder Korrektur sind die betreffenden Stellen natürlich mit Fugenleimpapier zu bekleben. Im übrigen sollte man sich an den Grundsatz halten, daß es besser ist, eine fehlerhafte Einlage noch einmal zu schneiden, als sich auf ein zweifelhaftes Flickwerk zu verlassen.

5.2.4 Einkleben der Einlagen

Die letzte Einzelverrichtung bei der Herstellung einer Intarsie ist das Einfügen und Verkleben der Einlagen. Wenn diese Arbeit auch von sekundärer Bedeutung ist, so sollte sie doch sorgfältig ausgeführt werden. Nur durch einwandfreies Verkleben der Einzelflächen wird ein stabiler Verbund der Gesamtfläche erreicht, und der ist für die weitere Verarbeitung der Intarsie wichtig.

a) Das Fugenleimpapier muß zunächst in handliche Stücke gerissen oder besser noch geschnitten werden. Die Größe der Stücke ist abhängig von der Länge der einzelnen Fugen sowie vom späteren Arbeitsgang. Die maximale Länge beträgt im allgemeinen etwa 10 cm.

b) Zum Aufkleben müssen die Stücke natürlich angefeuchtet werden. Das geschieht am besten in der Weise, daß die einzelnen Streifen über einen feuchten Schwamm oder Lappen gezogen werden. Ein altbewährtes Mittel ist der Gebrauch der Zunge. Die Körperwärme ermöglicht nämlich eine gute und schnelle Lösung der Klebeschicht. Dieses Verfahren ist in hygienischer Hinsicht zwar nicht einwandfrei, dafür in der Wirkung aber um so erfolgreicher.

c) Jedes Stück Fugenleimpapier ist nach dem Aufstreichen auf die Fuge mit der Hand oder dem Unterarm möglichst solange unter Druck zu halten, bis es in voller Länge haftet und sich nicht mehr löst.

d) Nach Fertigstellung einer Intarsie müssen zuweilen aus gestalterischen Gründen Felder aus dem Gesamtbild herausgelöst und durch neue ersetzt werden. Bei dieser Arbeit dürfen auf keinen Fall Papierreste in die Fugen gelangen. Andernfalls bleiben sie

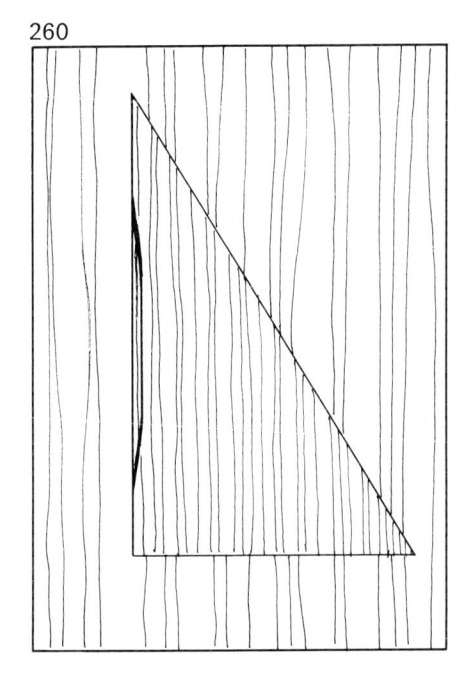

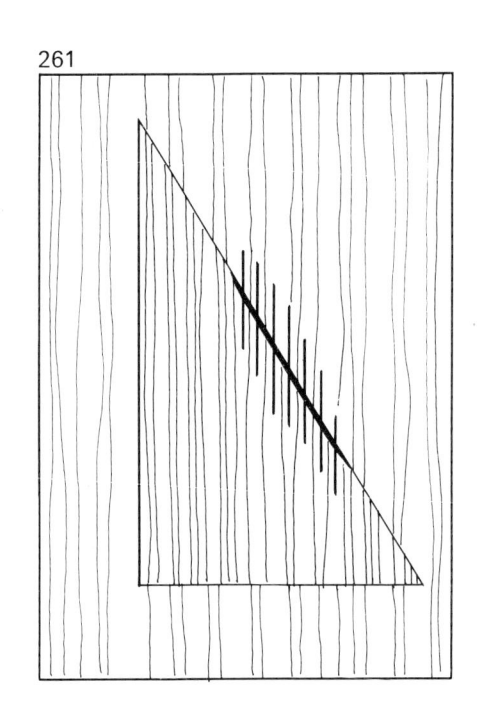

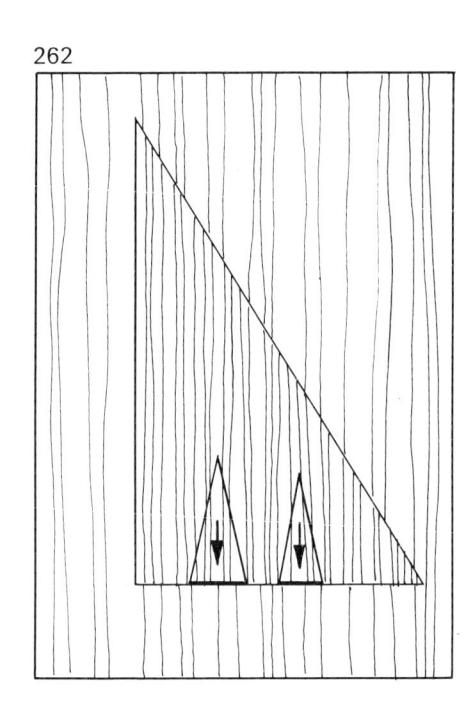

260

261

262

später auf der Intarsie sichtbar. Die Lochränder müssen deshalb vor dem Einkleben des neuen Furnierfeldes sorgfältig von überstehenden und losen Fugenleimpapierresten gesäubert werden. Im übrigen sollte einerseits nicht mehr Fugenleimpapier verklebt werden, als unbedingt erforderlich ist, andererseits aber müssen alle Fugen vollends überklebt sein.

5.3 Gestaltungsidee und Arbeitsverfahren

Der Arbeitsablauf bei der Ausführung einer Intarsie wird weitgehend bestimmt von der jeweiligen Gestaltungsidee. Deshalb können die verschiedenen Arbeitsverfahren nur im Zusammenhang mit konkreten Gestaltungsaufgaben verständlich gemacht werden.

5.3.1 Manuelle Arbeitsverfahren

5.3.1.1 Doppelblattverfahren

Gestaltungsaufgabe: Eine Intarsie soll in Form eines Flächenornamentes aus zwei verschiedenen Holzarten bzw. aus einer Holzart mit Wechsel des Faserverlaufs nach festgelegtem Entwurf gearbeitet werden (zum Beispiel Bilder 173–180).
Arbeitsverfahren
a) Zwei Furnierblätter (z. B. Eiche und Teak) müssen zunächst in der Größe des Entwurfes hergerichtet werden. Sie sind dann deckend aufeinanderzulegen und ringsherum mit Fugenpapier lückenlos zusammenzukleben. Dabei wird das Leimpapier in einzelnen etwa 20–30 cm langen Streifen mit etwa halber Breite erst auf das obere Furnierblatt geklebt, dann sorgfältig um die beiden Kanten herumgelegt und auf das untere Blatt gedrückt.
b) Nun wird der Entwurf mit Kohlepapier auf das hellere der beiden Furnierblätter übertragen. Blaupapier darf wegen seiner starken Farbkraft auf keinen Fall verwendet werden. Um ein Verrutschen zu vermeiden, heftet man den Entwurf am besten mit Tesafilm an das Furnier. Zur besseren Orientierung beim späteren Zusammensetzen der beiden Intarsien empfiehlt es sich, die einzelnen Felder fortlaufend zu numerieren.
c) An einer Ecke beginnend, werden jetzt die Felder paarweise mit dem Messer herausgeschnitten und voneinander getrennt. Das restliche Fugenleimpapier ist sofort zu entfernen. Die herausgelösten Stücke sind in der festgelegten Reihenfolge lose nebeneinanderzulegen. Bei jedem Herauslösen eines Flächenpaares entstehen an der verbleibenden Restfläche zwangsläufig unverbundene Kanten. Zur Absicherung sollte man diese Kanten jeweils an einigen Stellen mit Klebestreifen aneinanderheften.
d) Erst wenn die beiden Furnierblätter vollends aufgetrennt sind, wird der erforderliche Austausch der einzelnen Felder vorgenommen. Nun kann jede Fläche stückweise zusammengeklebt werden. Die trotz aller Sorgfalt auftretenden Ungenauigkeiten und Verschiebungen sind dabei auszugleichen und gegebenenfalls auf angrenzende Stücke zu verteilen. Um das aber zu ermöglichen, muß vor dem Verkleben einer Fuge stets ein größerer Flächenkomplex probeweise zusammengeschoben werden.
Bei diesem Arbeitsverfahren entstehen jeweils zwei Intarsien. Dabei zeigt die eine, dem Entwurf entsprechend, ein positives und die andere ein negatives Bild. Die zweite Intarsienfläche läßt sich durch Umkehrung der Felder auch in spiegelbildlicher Reihenfolge zusammenkleben. Auf diese Weise entsteht ein paßgenaues Spiegelbild, und beide Flächen lassen sich zu einem geschlossenen Gesamtbild vereinen. Deshalb eignet sich dieses Verfahren gut für die ornamentale Gestaltung zweitüriger Schränke (siehe Bilder 324–327). Die spezifische Wirkung von Intarsien, die nach diesem Verfahren entstanden sind, liegt darin, daß der Faserverlauf bzw. das Holzbild sich gleichbleibend über die ganze Intarsienfläche erstreckt. Eine Anpassung der Maserung an die Form der Einzelfläche kommt dabei nicht ohne weiteres zustande. Deshalb sollte man sich bei der Holzauswahl auch von den Einzelformen des Entwurfs leiten lassen und bedenken, daß geradlinig begrenzte geometrische Flächen wie Parallelogramme und Trapeze sowie ähnlich aufgebaute Flächenformen eine parallel verlaufende schlichte Holzzeichnung verlangen. Unregelmäßige und lebhafte Maserungen hingegen fügen sich bekanntlich besser in Flächenformen mit unregelmäßigen Umrissen ein.

5.3.1.2 Blindblattverfahren

Gestaltungsaufgabe: Eine Intarsie soll in Form einer ornamentalen oder bildhaften Flächenzusammensetzung aus mindestens drei Holzarten nach festgelegtem Entwurf gearbeitet werden. Entscheidend für die Wahl des Arbeitsverfahrens ist es, daß der Entwurf eine lückenlose Aufgliederung der Intarsienfläche vorsieht (zum Beispiel Bilder 196–200).
Arbeitsverfahren
a) Zunächst muß eine Furnierfläche hergerichtet werden, die etwa 6 cm länger und breiter ist als der vorliegende Entwurf. Ahorn und Limba eignen sich wegen ihrer Helligkeit und Festigkeit hierfür am besten. Diese Furnierfläche bezeichnet man auch als Blindfurnier, da sie nur eine Hilfsfunktion hat und im Laufe des Arbeitsganges Stück um Stück verschnitten wird.
b) Auf dieses Blindfurnier wird der Entwurf in der Weise übertragen, daß rings um das Bildfeld ein etwa gleich breiter freier Rand erhalten bleibt. Dieser zunächst als Rahmen anmutende Rand hat lediglich eine arbeitstechnische Aufgabe zu erfüllen.
c) Nun müssen die zu verarbeitenden Furniere sorgfältig ausgewählt und bereitgelegt werden. Die Zusammenstellung einer ausgewogenen Furnierpalette vor Arbeitsbeginn ist für den zügigen Fortgang der anschließenden Schneidearbeit sehr wichtig. Das trifft für alle Arbeitsverfahren in gleicher Weise zu. Deshalb sollte man sich dieses Vorgehen zur grundsätzlichen Regel machen.
d) Mit dem Intarsienmesser wird jetzt das erste Feld aus dem Blindfurnier herausgeschnitten. Man beginnt diese Arbeit gewöhnlich an der linken oberen Ecke. Der etwa 3 cm breite Rand darf dabei keinesfalls durchgeschnitten werden.
e) Unter das entstandene Loch wird eines der bereitgelegten Furniere geschoben und so lange gedreht, bis das für den Flächenausschnitt günstigste Furnierbild gefunden ist. Handelt es sich dabei um einen größeren Ausschnitt oder um eine unregelmäßige Flächenform, dann sollte das untergeschobene Furnierblatt sicherheitshalber mit Klebstreifen an einigen Stellen von unten gegen das Blindfurnier geheftet werden. Sind dennoch Schwierigkeiten beim Schneiden zu erwarten, dann kann man zusätzlich die beiden Furnierblätter auch von oben an den gefährdeten Stellen des Lochrandes aneinanderheften. Beim Ausschneiden der Einlage muß an der jeweiligen Stelle das Stück Klebstreifen so weit gelöst werden, daß man mit dem Messer ungehindert an der Lochkante entlangziehen kann. Anschließend ist das betreffende Stück Film wieder auf beide Furniere zu drücken. Auf diese Weise wird ein Verschieben der beiden aufeinanderliegenden Furnierflächen vermieden. Ist das Einlagestück ringsherum angerissen, werden beide Flächen voneinander gelöst und sämtliche Klebstreifen entfernt. Nun kann die Einlage endgültig mit dem Intarsienmesser ausgeschnitten werden.
f) Dieses Stück wird nun in das Loch des Blindfurniers gelegt und ringsherum mit Fugenpapier verklebt. Dabei läßt man jedoch die Kante frei, die an das nächste herauszuschneidende Feld grenzt.
g) Mit dem nächsten und allen weiteren Einzelfeldern wird in gleicher Weise verfahren, bis die gesamte Intarsienfläche nur

noch vom Rahmen des Blindfurniers eingefaßt ist. Abschließend wird dieser Rahmen auch noch entfernt, und die Aufgabe des Blindfurniers ist damit erfüllt.

Zur Überprüfung der formalen Wirkung und der Farbabstimmung ist während des Arbeitsganges die Intarsie hin und wieder umzudrehen und von der Rückseite zu betrachten. Der Eindruck wird hier nämlich nicht durch aufgeklebtes Fugenpapier gestört. Fehlerhafte Wirkungen können auf diese Weise frühzeitig erkannt und sofort beseitigt werden. Man sollte keineswegs davor zurückschrecken, bereits eingefügte und verklebte Einzelflächen durch neue zu ersetzen, wenn sie eindeutig fehl am Platze sind. Das ist nicht nur im Hinblick auf die Wirkung lohnend, sondern auch im Vergleich zu einer späteren Regulierung zeitsparend. Solche Zwischenkorrekturen schließen natürlich nicht aus, daß man auch nach Fertigstellung der Intarsie noch gezwungen sein kann, dieses oder jenes Feld auszuwechseln.

Um ausreichende Gewißheit über die endgültige Wirkung der Flächengestalt nach Abschluß aller Arbeitsgänge zu erhalten, empfiehlt es sich, die Rückseite der Intarsie gleichmäßig aber sparsam mit einem nassen, ausgedrückten Lappen anzufeuchten. Dabei wird sich die Intarsienfläche natürlich krümmen. Durch Auflegen einiger kräftiger Leisten kann man dieser Verformung entgegenwirken. Die unterschiedliche Farbveränderung des Furniers läßt sich so in ihrer bildnerischen Gesamtwirkung erfassen.

Im Gegensatz zum erstgenannten Arbeitsverfahren kann hier Farbe und Maserung der ausgewählten Furniere beim Einordnen jedes Einzelfeldes in wirkungsvoller Weise genutzt werden. Der zeitliche Aufwand ist dabei naturgemäß erheblich größer.

5.3.1.3 Anlegeverfahren

Gestaltungsaufgabe: Eine Intarsie soll als Flächenzusammensetzung ohne Bindung an einen Entwurf aus der freien Vorstellung heraus unter Verwendung beliebig vieler Holzarten gearbeitet werden. Ob es sich dabei um ein Ornament oder eine gegenständliche bzw. ungegenständliche Darstellung handelt, ist für den Arbeitsablauf ohne Belang. Wichtig ist allein, daß die Gestaltungsidee in unmittelbarer Weise verwirklicht wird. Hier können nun mehrere Wege zum Ziele führen. Die nachfolgenden Ausführungen beschränken sich auf die beiden gängigsten Arbeitsverfahren.

Arbeitsverfahren I (zum Beispiel Bild 182 und 183)
a) Bevor mit der praktischen Arbeit begonnen wird, muß man sich zunächst ein bildnerisches Ziel setzen. Das Vorstellungsbild kann auf einen bestimmten Gegenstand gerichtet sein oder nur auf die Verwendung bestimmter Formen zielen oder sich auch hauptsächlich an den Maserungsbildern orientieren. Ohne eine thematisch mehr oder weniger klar abgegrenzte Zielvorstellung ist ein zügiges Arbeiten kaum möglich.
b) Nach der dem Vorstellungsbild entsprechenden Furnierauswahl läßt der Flächenaufbau sich an verschiedenen Punkten ansetzen. Man schneidet sich mit dem Intarsienmesser ganz einfach die erste Einzelfläche zurecht und fügt von hier aus nach allen Seiten hin das Flächenbild Stück um Stück zusammen. Die Begrenzung der Gesamtfläche muß dann vom optischen Eindruck her vorgenommen werden.

Anstatt den Bildaufbau von innen nach außen voranzutreiben, kann man natürlich auch den umgekehrten Weg einschlagen und die Arbeit an einer Seite oder in einer Ecke der vorgesehenen Bildfläche beginnen. Das Prinzip des stückweisen Erarbeitens der Flächengestalt ändert sich dabei jedoch nicht.

Welchen Weg man am besten geht, das hängt oft von der Wahl des Motivs bzw. von der Klarheit des Vorstellungsbildes ab. Bei gegenständlichen Motiven wird man sinnvollerweise mit dem Gegenstand selbst beginnen. Das führt meistens zu einer Arbeitsrichtung von innen nach außen. Ornamentale Gliederungen mit einfachen Einzelformen lassen sich hingegen sehr gut von oben nach unten aneinanderfügen. Ganz allgemein läßt sich sagen, daß die zentral angelegte Arbeitsrichtung ein höheres Maß an Sicherheit im Hinblick auf eine ausgewogene Anordnung mit sich bringt.

Arbeitsverfahren II (zum Beispiel Bilder 166–168)
a) Die ausgewählten Furnierabschnitte und -blätter werden zunächst ohne einen festen Plan zu einer Fläche lose aneinander- und übereinandergelegt. Durch Auswechseln, Verschieben und Beschneiden der Stücke bringt man schließlich in Wirkung und Größe ein Flächenbild zustande, das einem in groben Zügen vorgeschwebt hat oder gefällt. Durch wiederholtes Probieren und Verwerfen wird meist eine ornamentale oder ungegenständliche Flächengestalt entstehen, die sich durch intensive Materialwirkung auszeichnet. Mit Klebstreifen fügt man die einzelnen Stücke nun aneinander, damit ein haltbarer Verbund entsteht.

Diese erste Phase des Arbeitsablaufes kann durch die Herstellung und Benutzung eines Hilfsmittels in mehrfacher Hinsicht erleichtert werden. Man fertigt sich vor Beginn der Arbeit aus fester Pappe oder dünnem Sperrholz einen Rahmen an, dessen Umlaufbreite etwa 6 cm beträgt. Je größer die geplante Intarsie werden soll, desto breiter muß der Rahmen sein. Die Innenmaße dieses Hilfsrahmens müssen die Abmessungen der Intarsie in beiden Richtungen geringfügig übersteigen, damit bei auftretenden Ungenauigkeiten später noch ein Ausgleich erfolgen kann.

Unter diesem Rahmen werden die Furniere nun in der oben beschriebenen Weise angeordnet und nicht nur aneinander, sondern auch an den Rahmen selbst mit Klebstreifen befestigt. Durch dieses Verfahren wird einmal die weitere Arbeit in technischer Hinsicht abgesichert, zum andern bewirkt der neutrale Rahmen eine Distanzierung der Bildgestalt von der Umgebung. Das begünstigt die Erfassung der Gesamtwirkung und erleichtert dadurch die bildnerische Entscheidung.

Diese Arbeitsmethode läßt sich natürlich leichter beschreiben als anwenden. So darf man nicht überrascht sein, wenn das Zusammenlegen der Furniere nicht in einem Zuge, sondern nur abschnittsweise durchzuführen ist. Meistens läßt sich dieser erste Fertigungsgang auch nicht konsequent vom nachfolgenden trennen. Es ist eher die Regel als die Ausnahme, daß beide Arbeitsphasen wechselseitig ineinandergreifen.

b) Im nächsten Arbeitsgang werden die Einzelstücke paßgenau zugeschnitten. Da der Flächenverbund dabei nicht oder nur stellenweise aufgelöst wird, bereitet das doch einige Schwierigkeiten. Um Stabilität in die Fläche zu bekommen, sollten die passend geschnittenen Kanten sofort mit Fugenleimpapier gut verklebt werden. Bei diesem Verfahren sind während der Arbeit auch noch größere Formveränderungen möglich, soweit die Ausmaße der überlagerten Furnierflächen dies erlauben.

Die beiden Arbeitsverfahren der freien Intarsiengestaltung bieten gute Möglichkeiten für die Einbeziehung anderer Arbeitstechniken. Dabei ist einmal an den Gebrauch der Schere gedacht, durch deren Einsatz sich der Herstellungsprozeß zum Teil erheblich beschleunigen läßt, zum andern können die Einzelflächen durch einfaches Heraus- oder Abbrechen des Furniers geformt werden. Das ist allerdings schwieriger, als es zunächst den Anschein hat. Denn sehr oft stimmt das Maserungsbild nicht mit der Wachstumsstruktur überein. Dadurch kann sich die besondere Wirkung, die man von einer bruchhaften Flächenbegrenzung erhofft, ins Gegenteil verkehren. Im übrigen ist die Schneidetechnik mit der Schere in diesem Zusammenhang ebensowenig in reiner Form anwendbar wie das Verfahren des Brechens. Durch die im Wesen der Intarsie begründete Forderung nach Paßgenauigkeit der Einlagen gebührt dem Intarsienmesser stets das letzte Wort bzw. der letzte Schnitt.

Vergleicht man die beiden Arbeitsverfahren der Gestaltung aus der freien Vorstellung abschließend miteinander, dann läßt sich feststellen, daß im ersten Fall trotz gründlicher Vorüberlegungen das endgültige Bild der Intarsie nicht vorhersehbar ist. Das Zuschneiden und Einfügen jeder einzelnen Einlage ist mit einer bildnerischen Entscheidung verbunden, die keinerlei optische Orientierungsmöglichkeit im Hinblick auf die Gesamtgestalt hat. Die praktische Ausführung ist gewissermaßen ein schrittweises Herantasten an das endgültige Flächenbild. Dagegen wird im zweiten Verfahren zunächst ein provisorischer Gesamtaufbau der Flächengestalt vorgenommen, und aus der Gesamtschau heraus erfolgt die Bestimmung der Einzelglieder. Das aber ist ein eindeutiger Arbeitsvorgang im Sinne des Entwerfens. An die Stelle des papiernen Entwurfs ist hier ein Entwurfsspiel mit dem bildnerischen Mittel Furnier getreten.

5.3.1.4 Unterlegeverfahren

Gestaltungsaufgabe: Eine Intarsie soll in Form einer Einlegearbeit nach festgelegtem Entwurf geschnitten werden. Das Motiv kann sowohl bildhafter als auch ornamentaler Art sein. Im Gegensatz zu den ersten drei Gestaltungsaufgaben handelt es sich hier nicht um eine Zusammensetzung der gesamten Fläche, sondern um das Einlegen einzelner Furnierstücke in ein vorgefertigtes Grundfurnier (zum Beispiel Bilder 211–230).

Arbeitsverfahren

a) Zunächst muß das Grundfurnier hergerichtet werden. Es sollte stets etwas größer sein, als der Entwurf es bestimmt. Damit erhält man sich die Möglichkeit, später noch Korrekturen im Hinblick auf eine ausgewogene Anordnung vorzunehmen. Nicht immer findet sich ein Furnierblatt mit passender Größe. Deshalb ist es oft nötig, schmalere Blätter zu einem Grundfurnier zusammenzufügen.

b) Auf dieses Grundfurnier muß der Entwurf in der gleichen Weise mit Kohlepapier aufgepaust werden, wie das bei den ersten beiden Gestaltungsaufgaben der Fall war.

c) Anschließend erfolgt die Auswahl der Furniere.

d) Mit dem Intarsienmesser wird nun das erste Feld aus dem Grundfurnier herausgeschnitten. Handelt es sich bei dem vorliegenden Entwurf um ein bildhaftes Motiv, dann beginnt man mit der Arbeit am besten im Zentrum des Bildes bzw. in den jeweiligen Schwerpunkten. So erhält man am ehesten einen Eindruck von der sich anbahnenden Gesamtwirkung.

e) Alle weiteren Arbeitsgänge vollziehen sich in der gleichen Weise, wie es in den Punkten d) bis g) des Blindblattverfahrens beschrieben ist.

Im Grunde deckt sich der arbeitstechnische Ablauf dieser vierten Gestaltungsaufgabe mit dem der zweiten Aufgabe. Was dort jedoch Blindfurnier war und als solches lediglich eine technische Aufgabe zu erfüllen hatte, bleibt hier als Grundfurnier erhalten und ist dadurch an der bildnerischen Gesamtwirkung beteiligt.

5.3.1.5 Auflegeverfahren

Gestaltungsaufgabe: Eine Intarsie soll wiederum als Einlegearbeit, jedoch ohne vorgezeichneten Entwurf hergestellt werden. Die mehr oder weniger motivgebundenen Einlagen sollen in ihrer Formgebung die Maserungsbilder des Furniers in besonderem Maße berücksichtigen (zum Beispiel Bilder 206–210).

Arbeitsverfahren

a) Man richtet sich auch hier zunächst wieder das Grundfurnier in der gewünschten Größe her.

b) Die anschließende Furnierauswahl ist für die spätere Wirkung von entscheidender Bedeutung. Denn bei dieser Aufgabenstellung ist die Materialstruktur vorrangiges Gestaltungselement.

c) Mit einer Schere schneidet man die besonders ausdrucksvollen Partien aus den Furnierblättern heraus, ohne ihnen jedoch die endgültige Form zu geben. Bei der Handhabung der Schere ist der Faserverlauf des Furniers genau zu beachten. Schneidet man nämlich, von den herauszulösenden Maserungspartien aus gesehen, gegen die Faserrichtung, so besteht die Gefahr des Einreißens oder gar des Ausbrechens.

d) Die herausgeschnittenen Flächen werden nun mit dem Intarsienmesser auf ihre endgültige Form gebracht. Dabei kommt es vor allen Dingen darauf an, auch die feineren Einzelheiten des jeweiligen Maserungsbildes einzufangen, die mit der Schere nicht zu erfassen sind.

e) Die Einzelstücke werden anschließend auf dem hergerichteten Grundfurnier durch entsprechendes Probieren in einen kompositionellen Zusammenhang gebracht. Mit dem Bleistift wird die Lage aller Stücke als Umrißlinie auf der Grundfläche festgehalten. Dann können sämtliche Furnierausschnitte wieder abgenommen werden.

f) Das bestgeeignete Stück wird mit einem Klebstreifen an dem festgelegten Ort auf dem Grundfurnier befestigt. Je größer das Einlegestück ist, um so zahlreicher müssen natürlich die Verklebungen sein. Mit dem Intarsienmesser wird nun an den Rändern des aufgehefteten Stückes entlang und in das Grundfurnier hineingeschnitten. An den verklebten Stellen ist auch hier der Klebstreifen zu lösen und nach dem Schnitt wieder aufzudrücken. Ist der Schnittverlauf vollständig und gut sichtbar, so kann das aufgeheftete Furnier abgenommen und die Filmstücke können entfernt werden.

g) Aus dem Grundfurnier schneidet man das betreffende Feld heraus. Das vorgesehene Furnierstück wird eingelegt und in der bekannten Weise mit Fugenleimpapier verklebt. Bei der weiteren Arbeit ist nach der Grundregel zu verfahren: Erst wenn das jeweils vorhergehende Stück fest verklebt ist, kann mit der Verarbeitung des folgenden begonnen werden.

Im Gegensatz zur vierten Gestaltungsaufgabe ermöglicht und erfordert das letzte Verfahren eine starke Konzentration auf die Besonderheiten des Werkstoffes. Daß dabei eine ausgesprochene Tendenz zur ungegenständlichen Gestaltungsweise auftritt, liegt in der Natur dieses Verfahrens. Hier kommt durch die unmittelbare Auseinandersetzung mit dem Werkstoff ein bildnerisches Spiel in doppelter Weise zustande. Einmal sind aus dem Augenblick heraus die Einzelformen zu gestalten, aus denen zum andern eine Bildeinheit zu komponieren ist.

5.3.2 Maschinelle Arbeitsverfahren

Neben den manuellen Herstellungsverfahren lassen sich Intarsien auch mit der Kreissäge und der Furnierfügemaschine schneiden. Die Formen solcher Intarsien sind zwangsläufig geradlinig geometrischer Natur. Deshalb handelt es sich hier vorwiegend um ornamentale Flächengliederungen.

Man kann bei Einsatz der Kreissäge zwei verschiedene Gestaltungsmethoden anwenden. Einmal läßt sich die Flächengestalt aus Einzelfeldern aufbauen, wie das beim Schachbrettmuster in einfacher Weise der Fall ist, zum andern können vorgefertigte Furnierflächen nach dem Prinzip des Doppelblattverfahrens aufgeschnitten und hernach durch Auswechseln der Einzelfelder gegliedert werden.

5.3.2.1 Flächenaufbau mit Einzelfeldern

Bei Anwendung dieses Verfahrens müssen zunächst bestimmte Arbeitshilfen (Vorrichtungen) geschaffen werden. Erst dadurch ist es möglich, an der Kreissäge Einzelflächen gleicher Form und Größe in entsprechenden Mengen und mit der erforderlichen Genauigkeit herzustellen. Nach dieser Methode lassen sich alle Gestaltungsmöglichkeiten verwirklichen, die auf den Seiten 31 bis 38 angesprochen sind.

Das Zusammenfügen und Verkleben der Einzelflächen muß auch bei maschineller Fertigung mit der Hand vorgenommen werden. Am besten spannt man sich dazu eine Stahlschiene oder eine Leiste auf eine ebenmäßige Arbeitsplatte. So hat man bei der Arbeit eine genaue Anlegekante. Zur Kontrolle ist hin und wieder eine Überprüfung der Winkelgenauigkeit und des Fugenverlaufs mit dem Winkel durchzuführen.

Sind die herzustellenden Intarsienflächen sehr groß, dann sollte man die Arbeit gliedern und zunächst Teilflächen herstellen, die später zum Gesamtbild zusammengefügt werden können (siehe Bilder 312–315).

5.3.2.2 Flächenaufbau nach dem Doppelblattprinzip

Diese Fertigungsweise läßt sich besonders gut anwenden, wenn Flächenornamente aus zwei Holzarten oder einer Holzart mit wechselndem Faserverlauf gestaltet werden sollen (siehe Bild 306 und 311).

Zunächst sind die Ausgangsflächen für beide Furnierarten in der gewünschten Größe und in der erforderlichen Anzahl herzurichten. Dazu müssen gewöhnlich mehrere Furnierblätter aneinandergeklebt werden. Das Format der Flächen kann quadratisch, zum Beispiel 40 × 40 cm, oder rechteckig, zum Beispiel 60 × 40 cm, sein. Alle Flächen müssen mit entsprechenden Arbeitshilfen rechtwinklig und deckungsgleich geschnitten werden. Der weitere Arbeitsablauf ist dann abhängig von der Gestalt des Entwurfs. Dabei bietet eine Gliederung mit ungerader Anzahl von Einzelfeldern in horizontaler wie in vertikaler Lage einen größeren bildnerischen Spielraum, als das bei einer geraden Anzahl der Fall ist.

a) Flächengliederung in Parallelstreifen (Bilder 263–267). Die vorgefertigten Furnierflächen müssen zunächst in die festgelegten Streifen aufgeschnitten werden. Dazu legt man sie am besten zu einem Stapel zusammen, der mit entsprechenden Hilfsmitteln zu sichern ist. Nun können alle Blätter gleichzeitig jeweils mit einem Schnitt an der Kreissäge aufgetrennt werden. Anschließend legt man die Teilflächen, dem Entwurf entsprechend, neu zusammen und klebt die Streifen aneinander. Auf diese Weise entstehen die beiden bekannten Bilder der Positiv- und Negativform in der jeweils festgelegten Anzahl. Beide Teilflächen können nun wechselweise nach den Prinzipien der Reihung und Spiegelung nach allen Seiten aneinandergefügt werden (Bild 266).

Legt man als Form der Teilflächen ein Quadrat zugrunde, dann läßt sich die Gesamtfläche außerdem nach dem Prinzip der Drehung aufbauen (Bild 267).

b) Flächengliederung in rechtwinkliger Karoform (Bilder 268 bis 271). Die Herstellung der Teilflächen erfolgt in ihrer ersten Phase in der vorhergehend beschriebenen Weise. Die nunmehr gestreiften Flächen sind wiederum als Gesamtstapel in Querrichtung an der Kreissäge aufzutrennen. Anschließend müssen die positiven und negativen Querstreifen ausgewechselt und verklebt werden. Der Aufbau der Gesamtfläche kann dann in der bekannten Weise erfolgen.

c) Flächengliederung in Schrägstreifen (Bilder 272–276). Der Arbeitsablauf entspricht hier dem der Flächengliederung in Parallelstreifen, soweit es sich um die Herstellung der Teilflächen handelt. Beim Aufbau der Gesamtfläche ergibt sich jedoch insofern eine Einschränkung, als bei der Flächenausweitung in Richtung des Streifenverlaufs nur nach dem Prinzip der Spiegelung verfahren werden kann. Andernfalls entstehen neue Flächengebilde mit sichtbaren Fugen.

Auch mit unregelmäßigen Streifen läßt sich der Aufbau der Gesamtfläche, wenn die Teilfläche eine quadratische Form hat, nach dem Prinzip der Drehung vornehmen (Bild 276).

d) Flächengliederung in unregelmäßiger Karoform (Bilder 277 bis 280).

Die Reihenfolge der Arbeitsgänge wird hier durch den schrägen Verlauf des Streifens festgelegt.

Nachdem die vorgesehenen Teilflächen in ihrer Ausgangsform zu einem Stapel zusammengelegt und abgesichert sind, müssen sie an der Kreissäge zunächst parallel zur Außenkante aufgetrennt werden. Nach dem Auswechseln und Zusammenfügen der Parallelstreifen erhalten die Teilflächen ihre positive und negative Zwischenform (Bild 278). Nun können sämtliche Flächen wiederum gemeinsam, dem unregelmäßigen Linienverlauf entsprechend, aufgeschnitten werden und anschließend ihre endgültige Gestalt erhalten (Bild 279).

Die Gesamtfläche kann auch hier in Richtung des ursprünglichen Streifens nur nach dem Prinzip der Spiegelung aufgebaut werden, während eine Ausweitung in der Querrichtung sowohl durch Spiegelung als auch durch Reihung möglich ist (Bild 280).

Beim Einsatz der Kreissäge ergibt sich neben der Bindung an die Geradlinigkeit der Flächenbegrenzung noch eine weitere Einengung des bildnerischen Spielraumes. So können Gliederungen mit allseitig schräg verlaufenden, sich überkreuzenden Linien nicht mehr mit der Kreissäge gefertigt werden, da die Einzelflächen durch den Schnittverlust sich gegeneinander versetzen. Ausführen lassen sich indessen Linienüberkreuzungen, deren Linien nur in einer Richtung schräg verlaufen, während die zweite Laufrichtung parallel zu einer Seite der Bildfläche liegt. Allerdings wird in diesem Fall der Arbeitsablauf in der Weise beeinflußt, wie sich das im letzten Beispiel gezeigt hat.

Eine weitere technische Möglichkeit für die Intarsiengestaltung bietet das Stanzen. Stanzwerkzeuge lassen sich maschinell und manuell einsetzen. Eine dem Werkzeugcharakter angemessene Form ist der Kreis. Deshalb trifft man dort, wo in der dekorativen Holzverarbeitung Stanzwerkzeuge zum Einsatz kommen, hauptsächlich auf die Kreisform. Bei einer reinen Einlegearbeit kann der Kreis als bildnerische Form für sich allein oder als dominierendes Flächenelement auftreten (zum Beispiel Bild 216 und 220). In einer ornamentalen Flächenzusammensetzung ist die Verwendung der Kreisfläche jedoch nur in Verbindung mit geradlinig begrenzten Flächen, vor allem mit dem Rechteck beziehungsweise dem Quadrat möglich (zum Beispiel Bild 185). Die Technik des Stanzens wird deshalb meistens zusammen mit andersartigen Arbeitsverfahren angewendet.

5.3.3 Arbeitsverfahren für plastische Intarsien (Reliefintarsien)

Sämtliche bisher beschriebenen Arbeitsverfahren gehen von der Voraussetzung aus, daß die Intarsie ihrem Wesen nach ein flächenbündiges Schmuckmittel ist. Das Bestreben, eine Verbin-

263

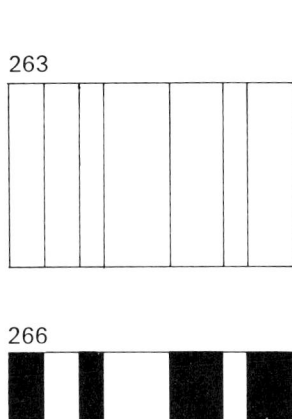

264

265

266

267

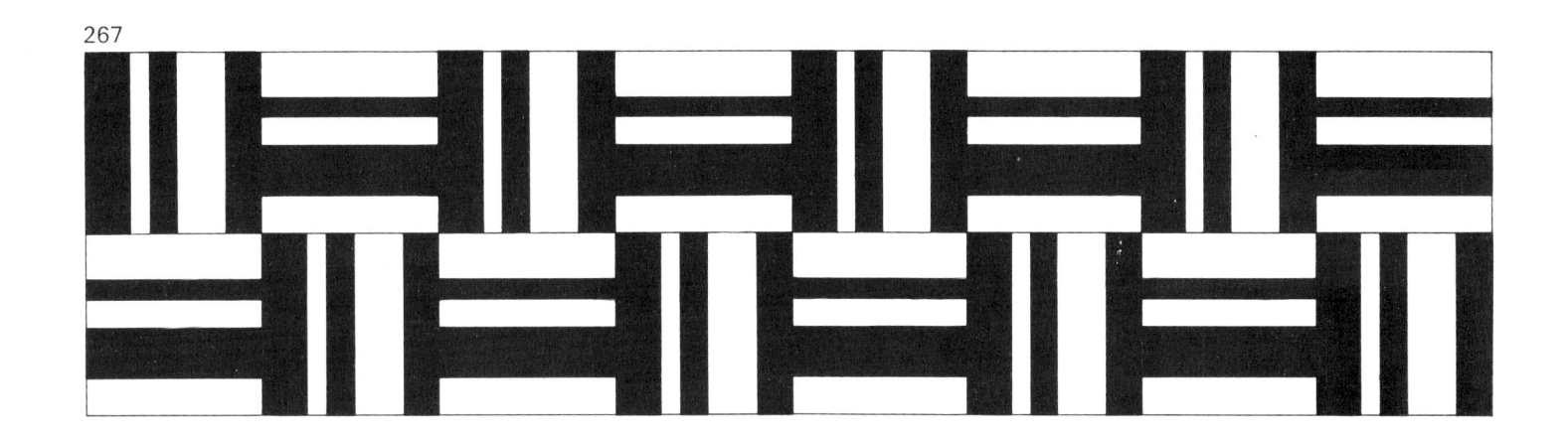

268

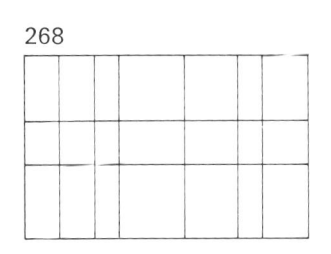

269

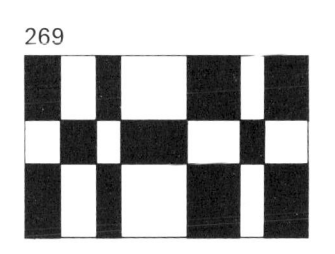

270

271

85

272 273  274

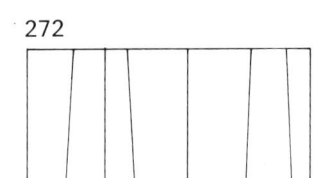

275

276

277 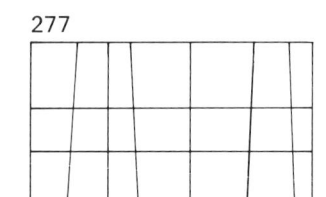 278 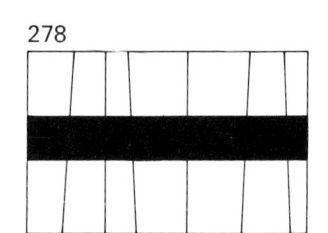 279

280

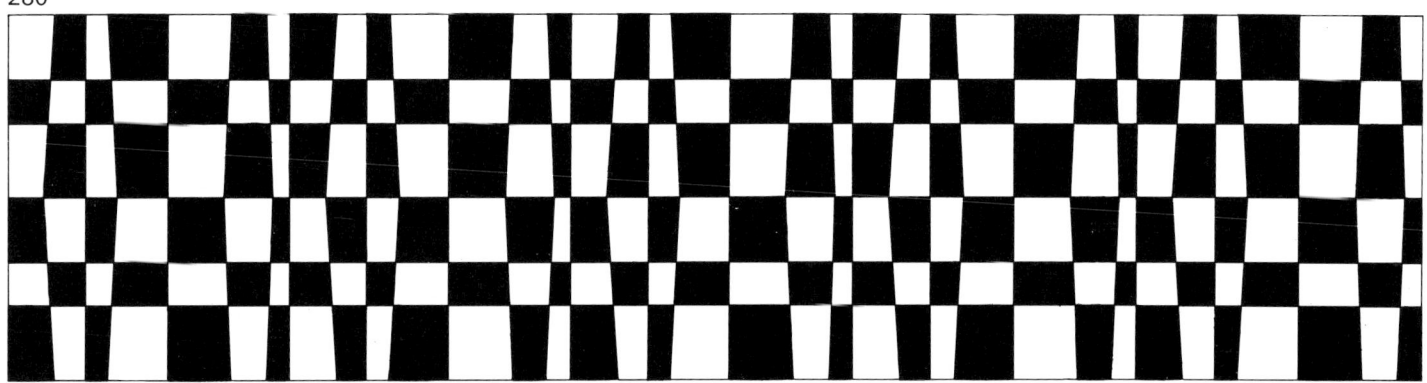

dung dieser Schmucktechnik mit plastischen Formen zustande zu bringen, läßt sich aber bereits bei überlieferten Intarsien vereinzelt beobachten. Die ursprüngliche Technik der Kernintarsie kam diesem Verlangen durch die Stärke der Einlage am weitesten entgegen.

5.3.3.1 Verarbeitung unterschiedlicher Furnierstärken

Plastische Wirkungen lassen sich auch mit den gegenwärtig hergestellten Furnieren erzielen. Die einfachste Möglichkeit besteht darin, daß man bei der Herstellung von Intarsien Furniere mit unterschiedlicher Stärke verwendet. Dadurch kommt insofern eine plastische Wirkung zustande, als die Unterschiede in der Furnierdicke im Bild der Intarsie als flächenmäßige Höhenunterschiede erhalten bleiben. Diese Wirkung läßt sich steigern, indem die Furniere vorher durch schichtweise Verleimung auf deutlich voneinander abweichende Stärke gebracht werden. Die Verarbeitung erfolgt dann nach den bisher beschriebenen Verfahren. Je nach Holzart und Stärke der Furniere muß man dabei zuweilen jedoch zur Feinsäge oder zum Stecheisen greifen. Im Vergleich zu den üblichen Intarsien wird die Erzielung plastischer Wirkungen auf diesem Wege mit großem Aufwand an Zeit und Mühe erkauft (siehe Bild 292).

5.3.3.2 Furnier-Collage

Die hergerichteten Furnierflächen werden bei diesem Verfahren Stück für Stück aufeinander und nebeneinander auf eine Trägerplatte geleimt. Die besondere Schwierigkeit dieser Arbeitsweise liegt in der Verleimung. Mit der Anzahl der Schichten wächst nicht nur der plastische Effekt, sondern auch der technische Schwierigkeitsgrad. Je nach Einsatz der Arbeitsmittel kann der bildnerische Ausdruck hier ebenso durch den exakten Schnitt wie durch die unregelmäßige Bruchkante bestimmt werden. Durch die Verwendung stärkerer Furniere läßt sich die plastische Wirkung in entsprechender Weise steigern.
Intarsien dieser Art, deren Formen nach dem Arbeitsprinzip des Brechens gestaltet sind, müssen abschließend mit einer Stahldrahtbürste überarbeitet werden. Bei der Verwendung normaler Furnierstärken kann man diese Arbeit natürlich nur mit einer Bürste aus weicherem Material ausführen (siehe Bild 283 und 284).

5.3.3.3 Furnierschnitt

Auf eine Trägerplatte werden zunächst mehrere Furniere unterschiedlicher Holzart kreuzweise aufeinandergeleimt. Der weitere Arbeitsablauf entspricht dem einer Reliefschnitzerei und ist der Sgraffito-Technik vergleichbar. Deshalb dürfen die hier verwendeten Furniere nicht zu dünn sein. Bei der Anwendung dieses Verfahrens werden die Grenzen der Intarsie nicht nur in plastischer Hinsicht überschritten. Da es ohne Schwierigkeiten möglich ist, die Linie als selbständiges Gestaltungselement ins Spiel zu bringen, lassen sich hier zusätzlich grafische Effekte erzielen.

Durch die Vermischung plastischer Formgebung und materialgebundener Flächengestaltung kommt es zwangsläufig zu einer gegenseitigen Beeinflussung der spezifischen Wirkungen beider Gestaltungsbereiche. Dem an die plastische Form gebundenen Wechselspiel zwischen Licht und Schatten steht als Flächenqualität die Maserung und Farbwirkung des Furniers gegenüber. Die plastische Wirkung ist naturgemäß am stärksten, wenn nur eine Holzart verarbeitet wird. Je heller das Holz ist, um so deutlicher ist bekanntlich auch die Schattenwirkung.

5.4 Verarbeitung der Intarsie

Bevor die Intarsie weiterverarbeitet wird, ist noch einmal eine gründliche Überprüfung sowohl auf technische Mängel als auch auf ihre bildnerische Wirkung hin zu empfehlen. Eventuell vorhandene Fehler sollten auf alle Fälle jetzt beseitigt werden. Ist die Intarsie erst aufgeleimt, dann wird eine entsprechende Korrektur erheblich komplizierter und zeitraubender sein.

5.4.1 Die Trägerplatte

Als Trägerplatte für Intarsien eignen sich alle abgesperrten Holzwerkstoffe: Furnierplatten, Tischlerplatten, Spanplatten. Um eine ebene Oberfläche zu erhalten, sollte man nur Platten von guter Qualität verwenden. Dabei ist nicht allein die verarbeitete Holzart entscheidend, sondern vor allen Dingen der durch die Herstellungsweise bedingte Aufbau. Furnierplatten weisen in dieser Hinsicht nicht solche Unterschiede auf wie Tischlerplatten. Wegen ihrer günstigen Eigenschaften sind die allgemein gebräuchlichen Furnierplatten (Sperrholz) aus Limbaholz gut zu verwenden. Bei der Verarbeitung von Tischlerplatten sollte auf jeden Fall der sogenannten Stäbchenplatte der Vorzug gegeben werden. Andernfalls können sich, wie der Fachmann weiß, später auf der Oberfläche Unebenheiten zeigen. Aus diesem Grunde müssen auch Spanplatten als Trägermaterial eine feine, ebene Fläche haben.
Eine Intarsie setzt sich meistens aus einer Vielzahl von Einzelstücken verschiedener Holzart und unterschiedlicher Wuchsrichtung zusammen; das für die Rückseite der Trägerplatte erforderliche Gegenfurnier besteht im allgemeinen aber nur aus einer Holzart mit gleichbleibendem Faserverlauf. Um die daraus nach dem Aufleimen entstehenden Spannungen aufzufangen, sollte die Stärke der Trägerplatte immer auf die Größe der Intarsie abgestimmt sein. Wenn hier nicht durch einen bestehenden Sachzusammenhang die Abmessungen festgelegt sind, kann man sich an die folgenden Richtwerte halten. Für Intarsien, deren Fläche weniger als 0,1 m² beträgt, ist die Verarbeitung von Span- und Furnierplatten von etwa 10 mm Stärke angebracht.
Bei einer Intarsiengröße von etwa 0,1 bis 0,3 m² kann die Stärke der Tischlerplatte oder Spanplatte 13 beziehungsweise 16 mm betragen. Für Flächen von etwa 0,3 bis 0,5 m² eignen sich Platten von 19 mm Dicke. Bei größeren Intarsien ist sinngemäß zu verfahren.

5.4.2 Das Aufleimen der Intarsie

Das Aufleimen einer Intarsie auf die Trägerplatte ist im Grunde ein normaler Furniervorgang, der dem Kundigen keine besonderen Schwierigkeiten bereiten dürfte. Vom Anleimen massiver Kanten an die Trägerplatte bis zum Abschleifen der Intarsie auf der Bandschleifmaschine gelten die für das Furnieren verbindlichen Regeln.
Zwei Maßnahmen sind jedoch gegebenenfalls als zusätzliche Verrichtung erforderlich. Einmal handelt es sich dabei um das Auffangen unterschiedlicher Furnierstärken mittels einer Zulage aus Pappe oder Filzpappe, zum andern um die Absicherung der Intarsienfläche gegen ein Verrutschen oder Verschieben. Solch eine Absicherung ist immer dann erforderlich, wenn Intarsie und Trägerplatte aus gestalterischen Gründen von vornherein deckungsgleich sein müssen. Das trifft beispielsweise bei den Schrankfronten der Bilder 323–327 zu.
Man kann in derartigen Fällen bekanntlich mit aufgeleimten Klötzen arbeiten oder auch Klammern verwenden. Das einfachste und ebenso sichere Verfahren besteht aber darin, daß man die

Intarsie und das Gegenfurnier auf die mit dem erforderlichen Leimauftrag versehene Trägerplatte auflegt und dann an einigen Stellen beide Furnierflächen über die Kanten der Trägerplatte hinweg mit 6 bis 8 cm langen Streifen Fugenleimpapier miteinander verbindet. Eine derartige Absicherung ermöglicht dann auch eine bequeme Handhabung beim Einlegen des Werkstückes in die Presse.

Während dem Tischler die Benutzung einer heizbaren Furnierpresse und der Gebrauch der einschlägigen Spezialleime als selbstverständlich erscheint, ist man dort, wo eine derartige Einrichtung nicht zur Verfügung steht, auf die Nutzung anderer Möglichkeiten angewiesen. Für diesen Fall werden nachfolgend die Arbeitsgänge, die mit dem Aufleimen der Intarsie im Zusammenhang stehen, in kurzen Zügen festgehalten.

Bevor man mit der eigentlichen Arbeit beginnt, sollten einige Hilfsmittel hergestellt sein und griffbereit liegen. Um den Leimauftrag bei der Trägerplatte ohne Unterbrechung beidseitig vornehmen zu können, benötigt man als Auflage zwei Dreiecksleisten oder besser noch zwei Nagelleisten in der Art indischer Nagelbretter. Als Ersatz für eine Handpresse müssen zwei kräftige, glatte Bretter oder Platten in entsprechender Größe hergerichtet werden. Dazu gehören natürlich mehrere Schraubzwingen und nötigenfalls auch einige Druckleisten zum Ansetzen der Zwingen. Außerdem ist noch ein Stück Pappe oder Filzpappe in etwas größerem Format als die Intarsie für den Fall bereitzuhalten, daß die eingelegten Furniere von unterschiedlicher Stärke sind. Schließlich muß man noch einen Bogen unbedrucktes Papier in Größe der Pappe zur Hand haben. Als Bindemittel ist bei dieser Arbeit der sogenannte Weißleim mit möglichst langer offener Zeit dem Kontaktkleber unbedingt vorzuziehen. Die Arbeit läuft nun in folgender Weise ab:

a) In gleicher Größe wie die vorliegende Intarsie muß ein sogenanntes Gegenfurnier in beliebiger Holzart hergerichtet werden. Wichtig ist, daß seine Wuchsrichtung mit der Hauptrichtung des Faserverlaufs der Intarsie übereinstimmt. Die Intarsie und das Gegenfurnier müssen aus arbeitstechnischen Gründen in der Regel etwas größer sein als die Trägerplatte.

b) Die Trägerplatte wird in der endgültigen Intarsiengröße zugeschnitten. Verwendet man als Trägerplatte keine Spanplatte, sondern eine Tischlerplatte oder Furnierplatte, dann muß die Faserrichtung der beiden äußeren Plattenschichten quer zum Faserverlauf der Intarsie und des Gegenfurniers liegen. Das ist beim Zuschneiden der Trägerplatte unbedingt zu berücksichtigen.

c) Auf die Pappe wird nun der Bogen Papier gelegt und darauf wiederum die Intarsie. Sie muß auf jeden Fall so liegen, daß jetzt die unbeklebte Seite sichtbar ist. Späne oder ähnliches sind von der Fläche zu entfernen. In unmittelbarer Nähe sind auch das Gegenfurnier sowie die Preßgeräte bereitzuhalten.

d) An einem anderen Ort wird die Trägerplatte für den Leimvorgang bereit gemacht. Auch bei ihr müssen zunächst alle Holzspäne und Fremdkörper entfernt werden. Mit einem Spachtel oder Leimkamm ist der gebrauchsfertige Weißleim (lange offene Zeit) gleichmäßig und nicht zu dick auf eine Seite der Trägerplatte aufzutragen. Anschließend wird die Platte umgedreht und auf die Nagelleisten gelegt. Sofort ist dann auf dieser Seite in gleicher Weise der Leim anzugeben.

e) Nun wird die Trägerplatte von den Nagelleisten abgenommen und behutsam auf die Intarsie gelegt. Die Rückseite der Platte ist mit dem Gegenfurnier zu bedecken.

f) Das Ganze muß dann zusammen mit der Pappe in die Presse gegeben beziehungsweise zwischen die beiden Preßbretter gebracht werden. Unter Verwendung der Druckleisten sind die Schraubzwingen anzusetzen und überall zunächst mit mäßigem Druck anzuziehen. Man sollte in der Mitte der Fläche beginnen

und darauf achten, daß die Intarsie dabei nicht oder nur wenig verrutscht. Diese Gefahr ist immer gegeben, wenn nicht eine feststehende Presse benutzt wird. Sind die Zwingen gut, aber nicht übermäßig stark, angezogen, bleibt das Werkstück so lange eingespannt, bis der Leim abgebunden hat. Ist das geschehen, dann sollte die Intarsie vor der weiteren Verarbeitung über Nacht frei stehen und trocknen.

g) Anschließend wird das allseitig über die Trägerplatte hinausragende Furnier mit einem scharfen Messer vorsichtig abgeschnitten. Dabei ist auf die Richtung des Faserverlaufs zu achten. Die Flächenbegrenzung muß sauber und scharfkantig sein. Als Spezialwerkzeug gibt es für diese Arbeit den sogenannten Kantenschneider.

h) Auf die Kanten werden, sich paarweise gegenüberliegend, die in entsprechender Breite und Länge zugeschnittenen Furnierstreifen aufgeleimt bzw. aufgeklebt. Die Streifen können von der Holzart des Grundfurniers sein oder einen passenden Farbkontrast haben. Nach dem Trocknen sind sie mit der Platte bündig zu schneiden und mit Schleifpapier in ihrer Scharfkantigkeit zu mildern. Besser als Furnierstreifen sind natürlich 3 bis 6 mm starke Anleimer aus Massivholz, die gewöhnlich vor dem Furnieren um die Trägerplatte geleimt werden.

Bei der Verleimung müssen alle Arbeitsgänge zügig und ohne Unterbrechung ablaufen, damit der Leim nicht vorzeitig trocknet oder gar abbindet. Das vorherige Bereitlegen sämtlicher Werkzeuge und Hilfsmittel ist deshalb besonders wichtig.

5.4.3 Die Oberfläche der Intarsie

Für die Gestaltung der Intarsienoberfläche gibt es zwei Möglichkeiten. Man kann entweder eine ebene und vollkommen glatte Fläche anstreben oder die Unregelmäßigkeiten des verarbeiteten Furniers als besondere Wirkung nutzen. Solche Unregelmäßigkeiten können in unterschiedlichen Furnierstärken sowie in plastisch hervortretenden Wachstumsstrukturen beruhen. Keinesfalls sind darunter Unebenmäßigkeiten zu verstehen, die sich lediglich auf Mängel in der technischen Herstellung des Furniers zurückführen lassen. Meistens handelt es sich dabei um geradlinig über die Fläche hinweglaufende Streifen, die als Auswirkung schadhafter Messer mehr oder weniger stark in Erscheinung treten. In solchen Fällen ist immer eine Glättung der Oberfläche angebracht.

Zur Erzielung einer ebenmäßigen Fläche benutzt der Tischler die Bandschleifmaschine oder Kleinschleifmaschine. Bestehen diese Möglichkeiten nicht und ist man auch im Gebrauch des Hobels sowie der Ziehklinge nicht geübt, dann muß die Glättung der Fläche mit dem Schleifklotz und dem dazu gehörigen Papier durchgeführt werden. Mit groberem Schleifpapier (Körnung 80–100) muß zunächst die Schicht des Fugenleimpapiers abgeschliffen werden. Dabei ist mit mäßigem Druck und wechselnder Schleifrichtung zu arbeiten. Da sich das aufgeklebte Papier bekanntlich schlecht abschleifen läßt, muß man wahrscheinlich häufiger ein neues Stück Schleifpapier nehmen. Ist das Fugenleimpapier nahezu abgeschliffen, dann empfiehlt es sich, mit etwas feinerem Schleifpapier weiterzuarbeiten.

Der letzte Arbeitsgang ist mit feinem Schleifpapier (Körnung 200–250) auszuführen. Eine gute Arbeit läßt schließlich keine Schleifspuren mehr erkennen. Die Rückseite der Intarsie ist natürlich ebenfalls leicht überzuschleifen. Auch sollte man darauf achten, daß scharfe Kanten griffig gemacht werden. Anschließend ist die Intarsie mit einer Kupfer- oder Messingdrahtbürste oder auch mit einer Wurzelbürste gründlich vom Schleifstaub zu befreien.

Will man entgegen diesem Verfahren die plastischen Effekte des Furniers ins Spiel bringen, dann sind Schleifmaschine und

Schleifpapier lediglich zum Glätten der Rückseite zu benutzen. In diesem Fall muß zunächst das aufgeklebte Fugenleimpapier von der Intarsienfläche entfernt werden. Das geschieht am besten in der Weise, daß man die Papierstreifen abschnittsweise mit warmem Wasser anfeuchtet und etwas weichen läßt. Man kann dazu einen Schwamm oder Lappen benutzen. Mit einem scharfen Stecheisen werden nun unter mäßigem Druck die gelösten Streifen abgeschabt. Dabei besteht die Gefahr, daß Holzfasern hochgerissen werden, wenn das Papier noch nicht genug eingeweicht ist. Gewaltanwendung vergrößert das Übel nur. Das Wasser sollte niemals in Lachen auf der Oberfläche stehen, weil sonst der Weißleim zum Quellen kommen kann. Ist das Fugenleimpapier restlos entfernt, bleiben oftmals noch dessen Leimstellen beiderseits der Fuge sichtbar. Man muß diese Leimreste wiederholt mit warmen Wasser und einer Wurzelbürste herausbürsten. Das kann unter Umständen längere Zeit dauern. Auch hierbei sollte man aus dem bereits genannten Grunde eine übermäßig starke Wasserangabe vermeiden. Zum Abschluß dieser Arbeit ist die Fläche noch einmal mit einem mäßig feuchten Schwamm abzuwischen und mit einem trockenen Lappen abzutupfen. Nun muß die Intarsie gründlich trocknen.

Stellt sich danach heraus, daß doch Holzfasern hochgerissen worden sind, dann müssen die betroffenen Stellen allerdings mit einem Stück Schleifpapier in Ordnung gebracht werden. Durch kräftiges Ausbürsten vergewissert man sich, ob tatsächlich alle vorstehenden Fasern beseitigt sind. Trotz ihres reliefartigen Charakters sollte die Oberfläche der Intarsie niemals rauh sein.

Zum Schutz und zur Steigerung der Materialwirkung muß jede Intarsie abschließend einen entsprechenden Überzug erhalten. Ob man sich dabei auf die Verwendung eines einfachen Leinöles beschränkt oder ob man einen Nitrolack, einen Reaktionslack oder einen Alkydharzlack aufträgt, immer sollte durch einen zurückhaltenden Mattglanz das Holz in seiner farblichen wie in seiner plastischen Wirkung voll zur Geltung gebracht werden.

6 Die Anwendung

6.1 Wandbilder

Die einfachste Möglichkeit, die Intarsie als Schmuckmittel anzuwenden, ist das Wandbild. Da die Gestaltung hier nicht von funktionellen Forderungen beeinflußt wird, ist der bildnerische Spielraum auf dieser Ebene sehr groß. Er reicht je nach Auffassung bzw. Geschmack von der rein ornamentalen Form bis hin zur gegenständlichen Darstellung.

281
Intarsie in freier Komposition aus Furnieren unterschiedlicher Holzart und Maserung in Form einer Flächenzusammensetzung.

282

282
Intarsie mit konstruktivem Aufbau in Form einer Flächeneinlage. Sie soll die Beziehung zwischen einer Ganzheit und ihren Gliedern darstellen.

283
Furnier-Collage aus etwa 3 mm starkem Absperrfurnier mit weißer Dispersionsfarbe überzogen und verschliffen.

284
Furnier-Collage in Bruchtechnik aus Limba-Absperrfurnier mit einer Drahtbürste ausgebürstet und im Naturzustand belassen.

285

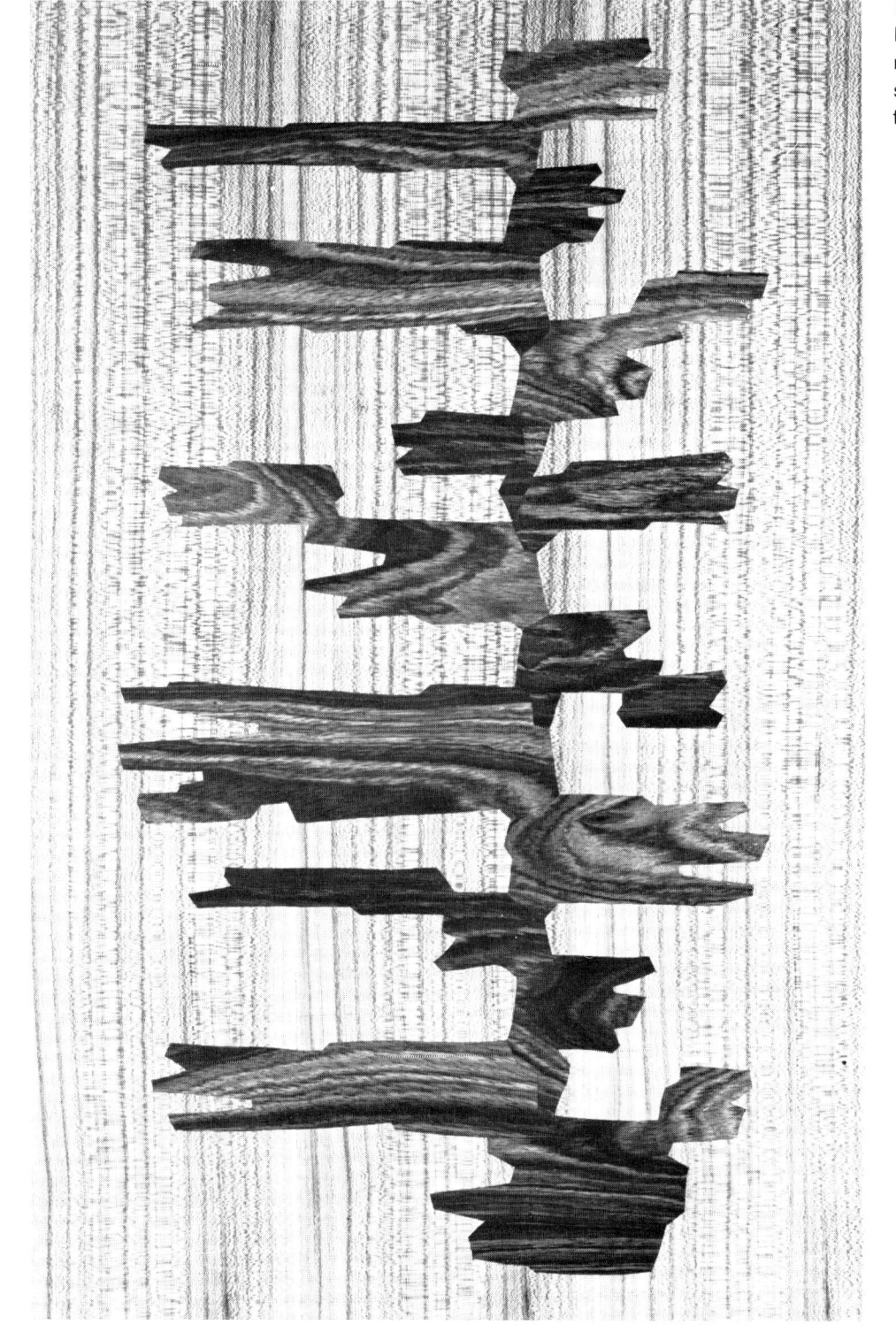

285
Entwurfsgebundene Flächeneinlage mit organischem Formcharakter, ausgeprägtes Zusammenspiel zwischen grafischer Einzelform und Holzmaserung.

286
Komposition aus Rechtecken in überschobener Anordnungsweise mit aufwärtsstrebender Richtungstendenz.

287
Komposition aus sich überlagernden Dreiecken und Kreisen. Hier soll die Wachstumstendenz zum Ausdruck gebracht werden.

288

Schmetterlingsgruppe in jeweils ganzflächiger Gestaltung aus unterschiedlichen Hölzern und Maserungsbildern. Der kompositionellen Anordnung liegt die charakteristische Flugweise des Schmetterlings zugrunde.

289
Eulengruppe in streng geometrischem Flächenaufbau. Zugunsten der Farbwirkung wurde hier mit Ausnahme der Gesichtspartien eine zurückhaltende, gleichförmige Maserung gewählt.

290
Einzeldarstellung einer Eule, die sich in stärkerem Maße am Naturvorbild orientiert, durch die eindeutigen Flächenkonturen und Farbabstufungen dem Materialcharakter aber durchaus gerecht wird.

291
Tischplatte aus Rio-Palisander. Abgefallene Endstücke eines Furnierpaketes wurden hier im Anlegeverfahren zu einer Platte mit vollendeter Flächenwirkung verarbeitet. Die Einzelfelder sind in freier Gestaltung derart aneinandergefügt, daß die besonders ausdrucksvollen Maserungspartien das Flächenbild beherrschen.

292
Die plastischen Formen dieser Intarsienstudie resultieren aus der Verarbeitung unterschiedlicher, teils mehrfach verleimter Furnierstärken. Die Einzelfelder orientieren sich in ihrer Begrenzung jeweils an der Holzmaserung. Durch die Verwendung leuchtkräftiger tropischer Hölzer erhält die Intarsie zudem einen starken Farbakzent.

292

293

In einen Flächengrund aus streifigen Furnieren sind hier in rechtwinkliger Anordnung Felder mit gefladertem Furnierbild derart eingebettet, daß nahezu räumliche Wirkungen entstehen.

294
Intarsie in zentral angelegter Komposition mit stark expansiver Tendenz. In ein Grundfurnier aus einfarbig dunklem Ebenholz sind in Form einer Flächeneinlage Furniere mit ausgeprägter Glanzwirkung eingearbeitet. Die dynamische Wirkung erfährt dadurch eine zusätzliche Steigerung.

295
Diese Flächenzusammensetzung hat ebenfalls einen expansiven Ausdruckscharakter. Im Gegensatz zur vorherigen Komposition ist das Kraftzentrum hier jedoch diffuser Natur, und die expansiven Wirkungen sind demgemäß nicht so eindeutig gerichtet.

296
Mit einfachen und großflächig-geometrischen Formen bringt diese Komposition in harmonischer Farbabstimmung eine unverkennbare Raumwirkung zuwege, ohne dabei das Prinzip der Flächenhaftigkeit zu durchbrechen.

296

297 298

299

297
Blütenkomposition auf dunklem Grund in großformiger, derber Darstellungsweise.

298
Blumen in feingliedrig stilisierter Form auf hellerem Grundfurnier.

299
Kastanienblüten in winkelartiger Kompositionsform. Der farbliche Kontrast zwischen Blütendolden und Blättern vereinigt sich hier mit einer gegensätzlichen Holzmaserung.

300

301

300
Einzeldarstellung eines Hahnes. Die Holzmaserung tritt hier zugunsten der Farbwirkung in den Hintergrund. Dadurch kommt eine klare Formabgrenzung innerhalb der Innengliederung zustande.

301
Über eindeutige Gliederungsformen verfügen auch die beiden Schmetterlinge. Durch die zentrale Ausrichtung der Einzelflächen wird eine organische Zuordnung erreicht.

302
Wegen ihrer ausladenden Flossen haben Segelfische bekanntlich eine sehr dekorative Wirkung. Bei der Bildumsetzung als Intarsie bereitet die charakteristische Transparenz der Flossen jedoch erhebliche Schwierigkeiten. Das vorliegende Beispiel versucht, dieses Problem durch rhythmische Flächenunterbrechungen zu lösen.

303

303
Diese Intarsie setzt sich aus fünf geometrischen Grundformen zusammen. Durch die formale Beschränkung kommt hier eine ungewöhnlich dynamische Wirkung zustande, die den Augenblick eines Stabwechsels unter Staffelläufern einfängt.

304
Der Bildausschnitt der Mittelgruppe läßt den konstruktiven Flächenaufbau deutlich erkennen. Die fünf verwendeten Grundformen sind mit der Kreissäge hergestellt.

6.2 Tischplatten

Ein geeignetes Objekt für die dekorative Ausgestaltung ist der Tisch, soweit er über seinen Nutzeffekt hinaus eine ästhetische Aufgabe erfüllen soll. Angesichts ihrer Gebrauchsfunktion darf die Tischplatte jedoch nicht den Charakter eines Tafelbildes annehmen, sondern sollte in möglichst zurückhaltender und neutraler Form gestaltet sein.

305 bis 309
Quadratische Tischplatten aus verschiedenartigen Furnieren in unterschiedlicher Gestaltungsweise.

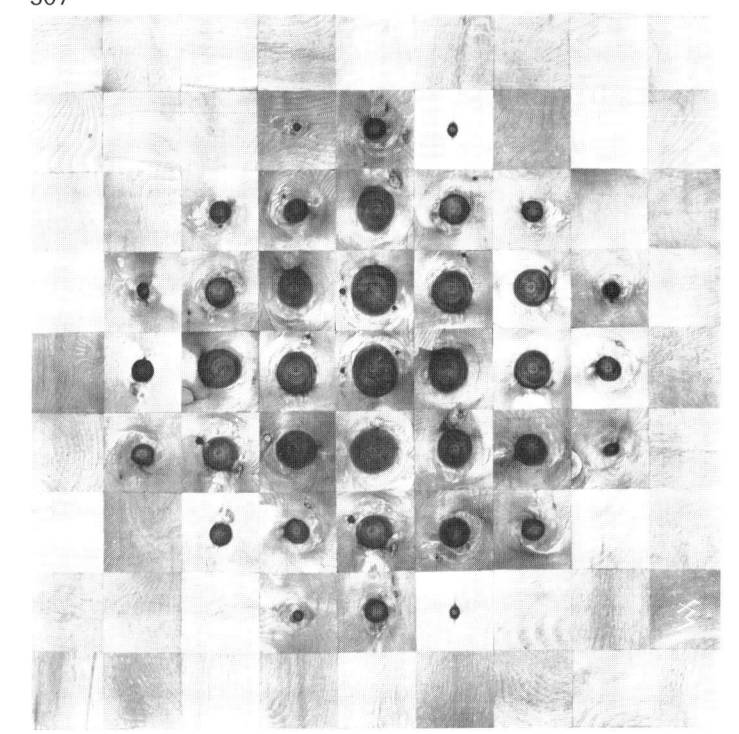

310

311

312

310 und 311
Tisch mit rechteckiger Platte, die wieder nach dem Doppelblattverfahren aus Rio-Palisanderabschnitten gearbeitet ist.

312
Diese Platte ist aus streifigem Rio-Palisander unterschiedlicher Farbe nach der Entwurfsmethode der materialgebundenen Flächengliederung gestaltet.

313 bis 315
Bei der Gestaltung dieser Platten wurde die Entwurfsmethode der synthetischen Flächengliederung mit jeweils unterschiedlichen Gliederungselementen angewendet.
Die Einzelflächen der Platten 306 und 311–315 sind mit Hilfe entsprechender Einspannvorrichtungen an der Kreissäge paßgenau zugeschnitten worden.

313

314

315

316

317

318

316 und 317
Runder Tisch im Repräsentationssaal des Niedersächsischen Landtages in Hannover.
Durch den radial gerichteten Maserungsverlauf eines Teiles der hier verarbeiteten Einzelfelder spielt in die zentrische Dynamik der Spirale ein leichter Strahlungseffekt hinein. Dadurch finden sich Außenform und Innengliederung der Platte in doppelter Weise zu einer harmonisch vollendeten Einheit.

318
Kleiner Schachtisch mit klappbarem Spielbrett.

319 und 320
Variationen zur Gestaltung der Tischplatte in geschlossenem und spielbereitem Zustand. Die Faserrichtung des Furniers verläuft hier jeweils parallel.

321 und 322
Spielbrett aus zwei verschiedenartigen Nußbaumfurnieren. Außer dem Helligkeitskontrast ist ein rhythmischer Wechsel der Faserrichtung vorgenommen. Dadurch wird die ruhende Tendenz der quadratischen Außenform unterstrichen.
Rückseite des Spielbrettes als Mühle-Feld gestaltet.

319

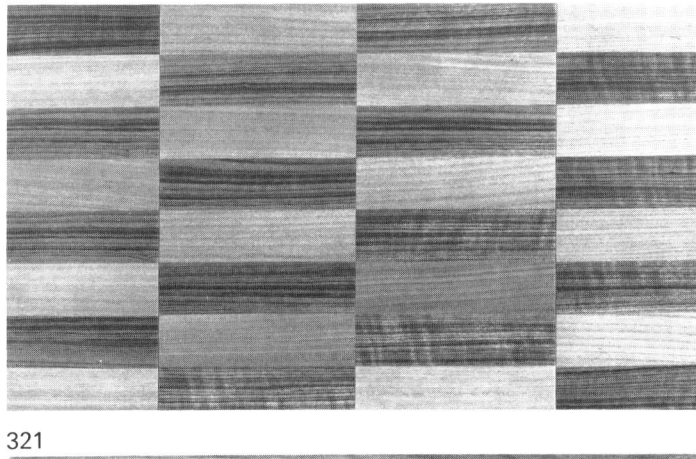

320

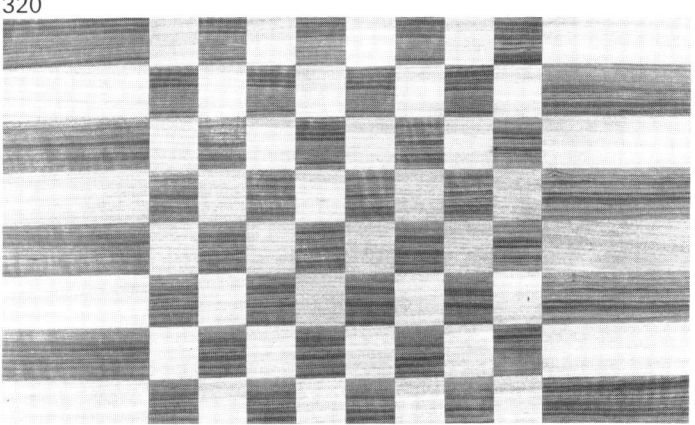

321

322

6.3 Schränke

Das moderne Schrankmöbel bietet mit seinen Flächentüren günstige Bedingungen für eine dekorative Gestaltung. Die Intarsie sollte hier jedoch nicht als bloße Zutat angewendet werden, sondern einen Gestaltungszusammenhang mit dem Objekt eingehen. Deshalb ist das geometrische Flächenornament für die Gestaltung von Möbelfronten besonders gut geeignet.

323
Schrank aus ostindischem Palisander mit einfachem Schachbrettmuster.

324
Schrankfront in streng gestreiftem Teakholz nach dem Prinzip der Linienüberkreuzung durch rechtwinklige Linienbrechung gestaltet und nach dem Doppelblattverfahren gefertigt.

325
Schrankfront aus ostindischem Palisander in materialgebundener Flächengliederung. Die zusätzlich eingearbeiteten Kreisflächen sind mit einem Stanzwerkzeug ausgeschlagen.

326

Schrankfront aus Eiche und Teakholz. Der Flächengliederung liegt eine Variante des Prinzips der Linienüberkreuzung zugrunde. Die senkrechten Linien sind zusätzlich mit kleineren Rechtecken überlagert. Hier wurde, wie auch beim nächsten Beispiel, wiederum das Doppelblattverfahren angewendet.

327

Schranktüren aus Teakholz und Rio-Palisander. Das Prinzip der Linienüberkreuzung weicht hier von der rechtwinkligen Überschneidung ab. Dadurch entstehen Formgebilde, die der Schrankfront einen äußerst lebhaften Ausdruck verleihen.

328

Dieser Flächenausschnitt zeigt, in welcher Weise der bizarre Formcharakter mit der Materialstruktur in Einklang gebracht ist.

Bezugspunkt für die Gestaltung der hier abgebildeten Möbelfronten war in allen Fällen die Türfuge. Die jeweilige Einbeziehung der Senkrechten als Bildelement sowie die spiegelbildliche Anordnung der Türflächen begründen das ganzheitliche Gestaltbild der Schrankfronten, in das sich die Fuge als Bildelement einordnet.

329

Intarsie aus überzähligen und teilweise ergänzten Feldern des unten abgebildeten Schrankes.

330

Schrankfront aus ostindischem Palisander und Mahagoni nach der Entwurfsmethode der synthetischen Flächengliederung in freier Gestaltung zusammengesetzt. Negative Wirkungen treten bei den Hirnholzfugen durch das Versetzen der Holzstruktur auf.

331

Schrankwand aus Oregon pine, Türflächen aus Rio-Palisander. Im Gegensatz zu den bisherigen Möbelfronten ist hier die Materialstruktur ausschließliches Bildelement. Geschlossene Fladern unterschiedlicher Form und Farbe bestimmen das Gestaltbild dieser Schrankfront.

329

330

331

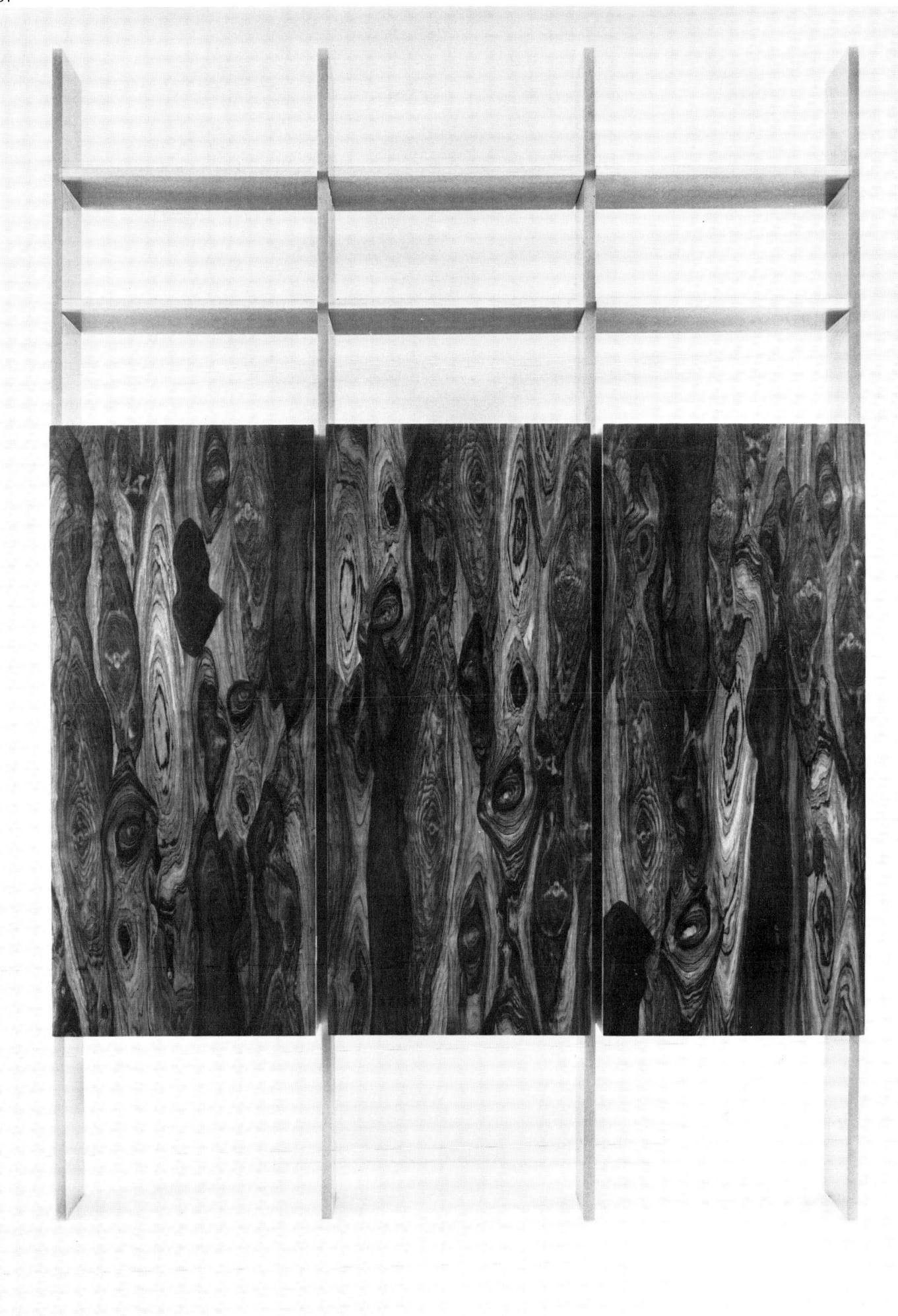

6.4 Intarsienwände

Bei der Gestaltung einer größeren Wandfläche kann man generell drei Möglichkeiten für die Einbeziehung der Intarsie voneinander unterscheiden. Einmal lassen sich Intarsien in Form von Einzeltafeln zum Beispiel als Fries auf der Wand anordnen. Zum andern können sie als dekoratives Element ein festes Teilstück der Wandverkleidung sein. Von einer Intarsienwand im engeren Sinne kann man aber erst sprechen, wenn die Intarsie die ganze Wandfläche bedeckt und damit gleichzeitig die Raumfunktion der Wand übernimmt.

332
Wandfries aus Furnier-Collagen:
Schöpfungsgeschichte.

333
1. Tag: Entstehung des Lichtes
aus der Finsternis.

334
3. Tag: Enstehung des Trockenen,
Bäume und Gräser.

335
5. Tag: Erschaffung
der Fische und Vögel.

334

335

336
Intarsie an einem Informationsstand der Hamburgischen Elektrizitätswerke. Die als Bildelement vorherrschende Kreisfläche läßt den vorhandenen Sachzusammenhang eindeutig erkennen.

336

337
Entwurfsmodell für eine Intarsienwand. Die aus unterschiedlichen Furnierarten bestehenden geometrischen Bildelemente verdichten sich zur Wandmitte hin und gewinnen dabei an Klarheit.

338
Intarsienwand in einem Kasino. Das Zusammenspiel zwischen Materialwirkung und Formgestalt verleiht der Komposition einen naturhaft organischen Ausdruckscharakter.

339

340

339 und 340
Plastische Intarsienwand in freizügiger Gestaltung. Sämtliche Teile sind aus Eichenholz verschiedener Art und unterschiedlicher Maserung gefertigt. Durch ihre starke Reliefwirkung übersteigt diese Wandgestaltung die Grenzen der herkömmlichen Intarsie zur rein plastischen Form hin.

341
Ausschnitt aus einer Intarsienwand im Sitzungssaal des Landeskirchenamtes Hannover. In die fortlaufende Gruppierung der Häuser sind einige typische Kirchen des Amtsbereiches derart eingebettet, daß die charakteristischen Gebäudemerkmale jeweils in ihrer flächenhaften Ausdehnung sichtbar sind. Das trifft besonders für die einzelnen Portale zu. Auf diese Weise wird eine für die Intarsiengestaltung ungeeignete perspektivische Darstellung vermieden.

342 bis 345
Großbild-Intarsie in der Kreissparkasse in Berchtesgaden mit Motiven aus der Geschichte der Stadt. Diese Intarsie ist ausschließlich aus Nußbaumfurnier in mannigfachen Farbnuancen und Maserungsbildern gefertigt. In großzügiger und werkgerechter Weise sind die Eigenheiten des Werkstoffes mit den formalen Forderungen des Themas in Einklang gebracht. Deshalb ist diese Intarsienwand ein eindrucksvolles Beispiel dafür, daß man figürliche Intarsiengestaltung betreiben kann, ohne dabei in einen kleinlichen und materialwidrigen Naturalismus zu verfallen.

342

343

344

345

346
Intarsienwand im Sitzungssaal der Lurgi-Gesellschaft in Frankfurt. In dieser großflächigen Wandgestaltung wird die Intarsie über eine rein dekorative Wirkung hinaus in einen architektonischen Zusammenhang gestellt. Die geradlinig vom Boden bis zur Decke durchlaufenden Flächen scheinen mit ihrer spannungsreichen Untergliederung geradezu eine statische Bedeutung zu haben. Dekorative und architektonische Funktion der Intarsie fügen sich hier zu einer bündigen Einheit.

7 Kurzlehrgang für das Intarsienschneiden

Die Übermittlung und Aneignung der zur Intarsiengestaltung gehörenden technischen Fertigkeiten bereiten im allgemeinen keine besondere Mühe. Die eigentliche Problematik liegt in der Vereinigung der gestalterischen Grundsätze mit den Eigenheiten des Werkstoffes.
Als Lehrender ist man immer wieder genötigt, die fest verwurzelte Vorstellung eines malerisch-naturalistischen Gestaltbildes der Intarsie abzubauen. Einsicht in die Eigenständigkeit der Intarsienkunst und in die Besonderheiten des Furniers läßt sich erfahrungsgemäß am ehesten erlangen, indem man sich zunächst vom gegenständlichen Motiv löst und sich dem intensiven Spiel mit dem Furnier zuwendet.
Eine Einführung in das Intarsienschneiden sollte demgemäß stets mit der ornamentalen beziehungsweise ungegenständlichen Gestaltung beginnen.
Wer sich als Neuling mit dem Intarsienschneiden befaßt, neigt verständlicherweise dazu, mit sehr kleinen Formaten zu arbeiten. Dabei kommt die spezifische Materialwirkung naturgemäß zu kurz. Aus diesem Grunde sollten die zu gestaltenden Bildtafeln von Anfang an eine angemessene Größe erhalten. Als gängiges Richtmaß für die Mindestgröße kann ein Format von etwa 40 × 30 cm gelten.
Der hier angebotene Einführungslehrgang will anhand fünf unterschiedlicher Aufgaben einen Einblick in die grundsätzlichen gestalterischen wie technischen Möglichkeiten des Intarsienschneidens geben. Der mit sinngemäßen Abwandlungen mehrfach erprobte Kursus ist für einen Zeitraum von etwa 60 Unterrichtsstunden berechnet.
Besondere Bedeutung wird dabei der selbständigen Arbeit beigemessen. Deshalb werden in allen Aufgaben die Fantasie und der Gestaltungswille des Lernenden angesprochen. Eine klar abgegrenzte Aufgabenstellung, die Erörterung grundsätzlicher Wege und eine gezielte Besprechung der jeweiligen Arbeiten sind Voraussetzung für den Erfolg der Unterweisung.

Aufgabe 1
Flächenzusammensetzung nach dem Anlegeverfahren
Aus verschiedenen Furnieren soll nach freier Vorstellung, also ohne Entwurf, eine Intarsienfläche zusammengesetzt werden. Dabei dürfen höchstens vier verschiedenfarbige Hölzer Verwendung finden.
Die Arbeit beginnt mit der Furnierauswahl. Hier gilt es nun, anhand der zur Verfügung stehenden Furniere die Frage der Farbwirkung und Farbkomposition aufzugreifen. Die eigentliche Arbeit, das Schneiden, sollte erst einsetzen, wenn eine ansprechende Materialzusammenstellung gefunden ist und die ausgesuchten Hölzer in ausreichender Menge vorhanden sind. Für den zügigen Ablauf des weiteren Arbeitsprozesses ist das in jedem Falle besonders wichtig.
Für die Anfertigung der Intarsie ist die Wahl geradlinig begrenzter Flächen in freihändiger Schnittführung zu empfehlen. Besonderer Wert ist auf angemessene Großflächigkeit der entsprechenden Felder und auf einen ausgeprägten Wechsel der Flächengrößen zu legen.
Auf diese Weise gestaltet sich bereits der erste Versuch zu einer in sich abgeschlossenen Arbeit, die in verhältnismäßig kurzer Zeit erledigt sein kann. Dabei wird neben dem Üben der Fertigkeiten gleichzeitig der Sinn für Farben sowie für Flächenrhythmus und Gestaltungszusammenhänge im freien Spiel aktiviert.
In der abschließenden Besprechung sind die Arbeitsergebnisse auf ihre technische und gestalterische Qualität hin gemeinsam zu begutachten. Hier bietet sich auch die fruchtbarste Gelegenheit, das Kernproblem der Intarsiengestaltung anzusprechen, nämlich den Zusammenhang zwischen Materialstruktur und Maserung einerseits und der Flächenform andererseits. Die eigenen Arbeiten werden dafür ganz gewiß gute wie schlechte Anschauungsbeispiele liefern.

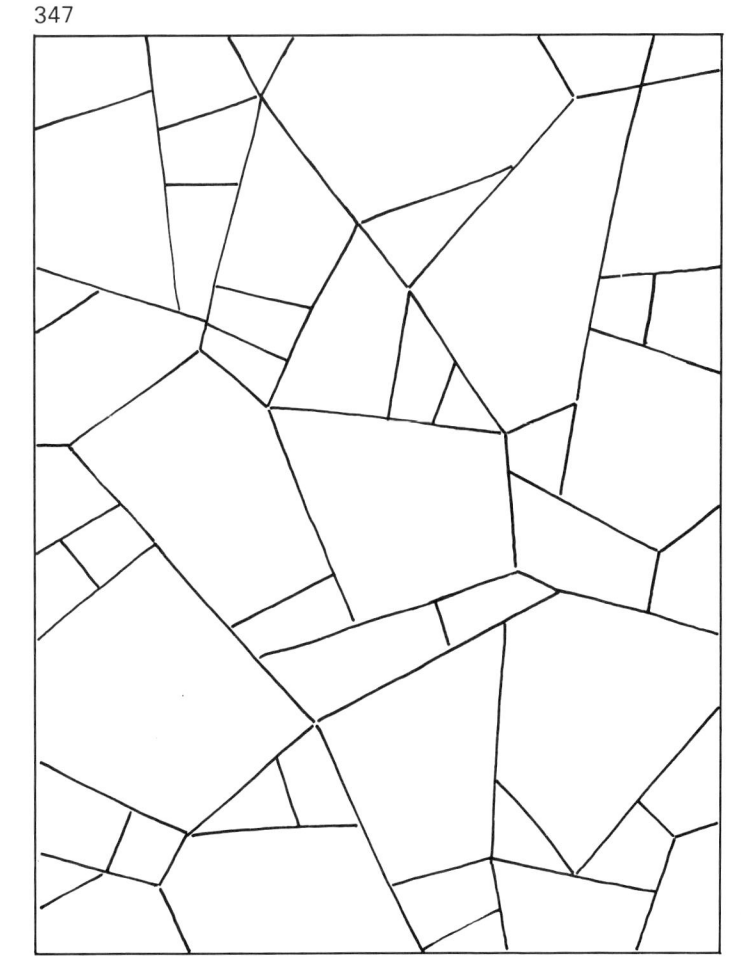

347

Aufgabe 2
Flächeneinlage nach dem Unterlegeverfahren
Eine Furnierfläche soll mit einer Einlegearbeit in ornamentaler Gestaltung nach eigenem Entwurf geschmückt werden. Als Bildelemente kommen hier hauptsächlich die Linienüberkreuzung und die geometrische Flächenform in Betracht.
Vor Anfertigung der Entwurfszeichnung muß natürlich eine Einführung in die grundsätzlichen Möglichkeiten dieser Gestaltungsaufgabe gegeben werden.
Für die Ausführung der Arbeit können sowohl ein Grundfurnier im mittleren Farbton und entsprechend dunklere Einlagen gewählt als auch in umgekehrter Weise verfahren werden. Als Einlage soll nur eine Holzart Verwendung finden. Dabei muß jedoch die bildnerische Wirkung der Holzmaserung ins Spiel gebracht werden.
Während die erste Aufgabe das freie Spiel mit den bildnerischen Mitteln zum Ziele hatte, rückt hier die vorgeplante Gestaltung in den Vordergrund. Der Schwerpunkt der Arbeit liegt demnach in der entwurfsmäßigen Durcharbeitung des gewählten Gliederungsmotivs.
Bei der Anfertigung der Intarsie kommt es dann darauf an, die Art und den Verlauf der Holzmaserung mit der jeweils vorgegebenen Einzelform in Einklang zu bringen. Dabei sollte man sich aber auf möglichst gleichförmige und ruhige Maserungsbilder beschränken und den Blick hauptsächlich auf die Bedeutung der Richtungstendenz lenken.
Da es sich bei dieser Intarsie um eine Flächeneinlage handelt, müssen auch die farblichen und strukturellen Beziehungen zwischen Grundfurnier und Einlagen angesprochen werden.
Nach Anfertigung der Arbeit sollte hier wie bei allen weiteren Aufgaben eine gründliche Aussprache stattfinden. Dabei müssen angesichts der geeigneten Beispiele die jeweiligen Erkenntnisse klar herausgestellt werden.

348

Aufgabe 3
Flächeneinlage nach dem Auflegeverfahren
Die nächste Intarsie ist abermals in Form einer Flächeneinlage zu gestalten. An die Stelle der Entwurfszeichnung soll hier jedoch eine Motiv- beziehungsweise Formbestimmung treten, die sich unmittelbar an den Maserungs- und Strukturbildern des Furniers orientiert. Dabei können die Einzelflächen in eine ornamentale Ordnung oder in eine mehr bildhafte Komposition gebracht werden. Für die Ausführung der Arbeit lassen sich beliebig viele Holzarten verwenden.
Diese Aufgabe erfordert zunächst eine gründliche Vertiefung in die optische Beschaffenheit des zur Verfügung stehenden Furniers. Die Maserungs- und Strukturbilder müssen sorgsam mit den Augen abgetastet werden, um zu einer bildnerischen Entscheidung zu kommen.
Während der Prüfung des Furniers sowie beim anschließenden Herrichten der einzelnen Ausschnitte zeichnet sich oft schon eine mehr oder weniger klare Zielvorstellung ab. In spielerischer Erprobung erhält die Intarsie dann ihre endgültige Gestalt, bevor die Einlagen in das Grundfurnier eingearbeitet werden.
Die Vorteile einer derartigen Aufgabenstellung liegen auf der Hand: Einmal schließt sie eine vorzügliche Kompositionsübung mit stofflichen Formen in sich ein, und zum andern hebt sie die Eigenheiten des Werkstoffes deutlich ins Bewußtsein.
In der abschließenden Besprechung muß ausführlich auf die Frage der kompositionellen Bildordnung eingegangen werden. Außerdem ist der generelle Unterschied zwischen ornamentaler und ungegenständlicher Gestaltung an entsprechenden Beispielen zu erörtern. Im Hinblick auf die letzten beiden Aufgaben dieses Lehrgangs ist schließlich noch eine Verknüpfung mit der gegenständlichen Gestaltungsweise erforderlich.

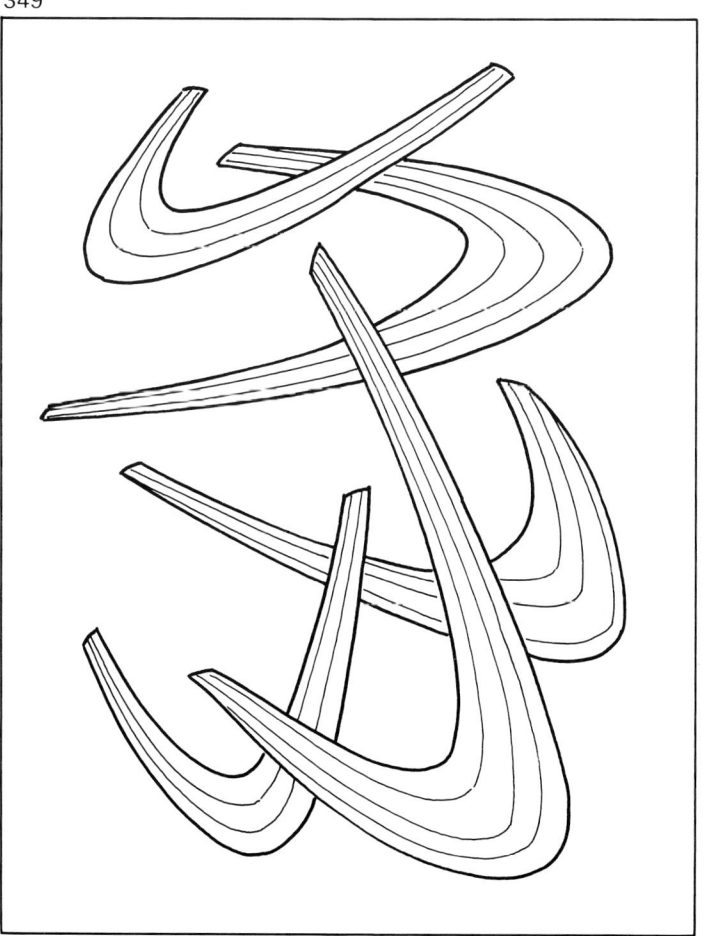

349

Aufgabe 4
Flächeneinlage nach dem Unterlege- oder Auflegeverfahren
Mit dieser Aufgabe wird nun der Schritt in die gegenständliche Gestaltung getan. Als Themen empfehlen sich Darstellungen einfacher Naturvorbilder, insbesondere Motive aus dem Tierreich. Als gut geeignet können grundsätzlich solche Vorbilder gelten, die eine möglichst geschlossene anatomische Form haben. Sie kommen den arbeitstechnischen Bedingungen sowie der Materialwirkung am weitesten entgegen. Die Themenkreise Fische, Vögel, Falter erfüllen diese Voraussetzungen optimal.
Hier dient das Thema Schmetterlinge als Beispiel. In ein Grundfurnier ist eine Schmetterlingsgruppe nach eigenem Entwurf einzulegen. Als recht günstig hat sich die wandlungsfähige Komposition einer Gruppe aus drei Faltern erwiesen. Der anatomische Bau der Tiere muß auf einfachste Formen gebracht und die Flügel sollen nur als eine Fläche gesehen werden.
Bei der nach Anfertigung der Entwurfszeichnung vorzunehmenden Furnierauswahl muß besonders sorgfältig verfahren werden, um die Farbigkeit und Zeichnung der Flügel mit den materialeigenen Wirkungen in entsprechender Weise zum Ausdruck zu bringen. Die einzelnen Flügelflächen dürfen auf keinen Fall aus mehreren Stücken zusammengesetzt sein.
Der Sinn dieser Aufgabe entspricht ihrem zweistufigen Aufbau. Zunächst soll durch die Entwurfsarbeit der Blick auf die kompositionellen Fragen gegenständlicher Gestaltung gerichtet werden.
In der Ausführung kommt es dann darauf an, bei der Einordnung der Holzmaserung für die Flügel nicht wie bisher beispielsweise von der abstrakten Dreiecksfläche auszugehen, sondern diese Fläche als Teil eines Lebewesens, einer organischen Ganzheit zu sehen und entsprechend zu gestalten. Gemeint ist damit natürlich nicht, daß eine möglichst naturgetreue Wiedergabe angestrebt werden soll. Die Einlagen (Flügelflächen) sollen vielmehr so beschaffen sein, daß eine organische Zuordnung erkennbar ist.

350

Aufgabe 5
Flächeneinlage nach dem Unterlegeverfahren
Als letzte Arbeit ist eine Einzeldarstellung aus der in Aufgabe 4 gestalteten Tiergruppe vorgesehen. Im vorliegenden Fall soll also ein einzelner Schmetterling nach eigenem Entwurf in gegliederter Form eingelegt werden. Dabei ist das Motiv, der engeren Aufgabenstellung entsprechend, in übernatürlicher Größe darzustellen. Die Grundform der Flügel ist nach Belieben abzuwandeln.
Als Erweiterung der in Aufgabe 4 geforderten ganzflächigen Gestaltungsweise soll hier nun eine Untergliederung der Flügelflächen durch Zusammensetzen verschiedenartiger Furniere vorgenommen werden. Dabei empfiehlt es sich, stark ausgeprägte Strukturen bzw. Maserungen zu meiden. Andernfalls besteht die Gefahr, daß die klaren Abgrenzungen der Einzelfelder gegebenenfalls bis zur Auflösung überspielt werden.
Wie in der vorhergehenden Aufgabe so hat sich auch hier die Einbindung der Holzmaserung nicht an der abstrakten Einzelfläche zu orientieren, maßgebend ist die Gesamtfläche. Der organische Zusammenhang ist das übergeordnete Prinzip, das den Aufbau der Gliederung und den Verlauf der Struktur und Maserung innerhalb des Gliederungsgefüges bestimmt.
Am Beispiel des Themas Schmetterling sollen mit den beiden letzten Aufgaben die grundsätzlichen Möglichkeiten gegenständlicher Gestaltung erfaßt werden: die ganzflächige Gestaltung mit einem einzigen Furnierausschnitt sowie das Prinzip des Zusammenfügens mehrerer Einzelstücke zu einer Gesamtform. Im ersten Falle ist die Wirkung der Intarsie weitgehend vom Bild der Holzmaserung geprägt. Im zweiten Beispiel liegt der spezifische Ausdruck in dem formalen, farblichen und strukturellen Zusammenspiel vieler Einzelflächen. Je selbstverständlicher sich die materiale und formale Vielfalt der Gliederung hier zu einer organischen Einheit zusammenfügt, um so überzeugender ist die Wirkung solcher Intarsien.

351

8 Bildquellen

Entwurf und Ausführung der Intarsien

Adam, H., Hamburg (teilweise Mitarbeit von Berufs- und Fachschülern) 89–94, 166–255, 282, 285–306, 308–315, 318–322, 324–328, 330
Andresen, P., Hamburg 329
Dwinger, H., Hamburg 331
Engst, G., Hamburg 281, 316, 317, 341, 346
Harm, H. Hamburg 323
Karbacher, M., Berchtesgaden 342–345
Mosny, E., Stuttgart 339, 340
Schröder, W., Hamburg 283, 284, 307, 332–338

Fotonachweis

Buhrmester, E., Hamburg 4, 5
Bundesanstalt für Forst- und Holzwirtschaft, Hamburg 1–3
Deutsche Verlags-Anstalt, Stuttgart 6–8, 12–61
Diedrichsen, J., Hamburg 62, 89–94, 166–255, 281, 282, 285–306, 308–315, 318–331
Fehn, H., Hannover 316
Gauss, J., Stuttgart 339, 340
Kallmorgen, K., Hamburg 346
Schröder, W., Hamburg 283, 284, 307, 332–338
Wagner, K., Schellenberg 342–345
Zwietasch, W., Kornwestheim 317